AF533232

Robert Murray M'Cheyne

Das Leben ist ein Abenteuer

5

Irene Howat

1. Auflage 2022
2. Auflage 2026

Originaltitel: Life is an Adventure

Eckenhagener Str. 43
51580 Reichshof-Mittelagger
www.voh-shop.de
Übersetzung: Natalie Ayesha Saboor
Lektorat, Cover und Satz: Voice of Hope

Bestell-Nr. 875.435
ISBN 978-3-947102-35-8

ISBN 978-3-947102-80-8 – eBook

Soweit nicht anders vermerkt, wurden die Bibelzitate der Schlachter-Bibel 2000 entnommen.

Inhaltsverzeichnis

Ferienabenteuer

1

George sah, wie sein Freund um die Ecke kam, direkt in das kleine Örtchen Ruthwell. Er flitzte zurück in den Garten, um es seinem Bruder zu erzählen.

»Das ist jetzt Robert!«, rief er Will zu. »Versteck dich in der Höhle, und wir machen alles wie geplant!«

Will sauste um die Rückseite des Hauses und war außer Sichtweite, während George durch den Garten schlenderte und so tat, als sei er von Roberts Ankunft ganz überrascht. Als sie sich begegneten, begrüßten sie sich herzlich und rangen dann scherzhaft miteinander, bis sie beide keuchend auf dem Boden lagen.

Nachdem die Jungs sich wieder aufgerappelt hatten, sagte George: »Wir haben ein neues Versteck gebaut. Du musst es allerdings selbst finden. Der einzige Hinweis ist, dass es sich im Garten befindet. Zähl bis hundert, dann darfst du uns suchen. Will ist schon dort. Zähl aber laut, damit ich weiß, dass du nicht schummelst.«

George führte seinen Freund zur Hausseite, wo Robert seine Augen schloss und anfing, laut bis hundert zu zählen.

»Eins, zwei, drei, ...«, sogleich raste George schnell nach links weg.

»Vierundzwanzig, fünfundzwanzig, sechsundzwanzig, ...«,

sagte Robert, während sein Freund hinter ihm auf den Zehenspitzen nach rechts schlich.

»Das wird ihn verwirren«, dachte George. »Ich habe viel Lärm gemacht, während ich in die andere Richtung ging, damit er mich ganz sicher dort vermutet.«

Als Robert bei »siebenundsechzig, achtundsechzig, neunundsechzig« ankam, war George bereits durch den Gemüsegarten gedüst, entlang der Sträucher mit den schwarzen Johannisbeeren gerannt und hinter eine alte Tür gekrochen, die an die hohe Gartenmauer gelehnt war.

»Hier wird er uns nie finden«, kicherte Will, als sein Bruder bei ihm angekommen war. »Aber es wird lustig sein, zu sehen, wie er es versucht.«

»Achtundneunzig, neunundneunzig, hundert!«, rief Robert M'Cheyne[1], bevor er sich auf den Fersen umdrehte und den Schauplatz hinter sich begutachtete.

»Hier ging er entlang«, sagte sich Robert, während er sich nach links drehte. »Er machte dabei allerdings verdächtig viele Geräusche. Ich werde trotzdem mal nachschauen und ganz leise sein.«

Nahezu geräuschlos ging der Junge über den Rasen, bis er die Vorderseite des Hauses erreicht hatte. Mit dem Rücken zur Wand bewegte er sich auf die Haustür zu. Kurz bevor er die Tür erreichte, öffnete sie sich, und Mr. Duncan kam heraus. Robert wollte gerade Hallo sagen, denn er vermutete, dass seine Tarnung aufgeflogen sei. Aber Mr. Duncan war selbst einmal ein Junge gewesen und erkannte sofort die Anzeichen eines Geheimnisses. Er zwinkerte Robert zu und ging mit großen Schritten den Weg hinunter und durch das Tor hinaus.

---

1 Ausgesprochen Mäk-Schäin.

»Jemand wird sich sicher auf Mr. Duncans Besuch freuen«, dachte Robert. »Ich denke, alle Bewohner von Ruthwell mögen ihren Pastor. Meine Tante mag ihn jedenfalls sehr.«

Als er an der Haustür vorbeigegangen war, lief Robert an der Wand entlang weiter. Er suchte dabei nach allen möglichen Verstecken, aber er konnte einfach keines finden. Sie hatten früher schon an verschiedenen Orten Verstecke gebaut, aber diese waren alle viel zu klein, um zwei Teenager unterzubringen und noch einem Besucher Platz zu bieten.

»Ich schätze, George war schlau«, entschied er, machte kehrt und ging in die entgegengesetzte Richtung. »Das Versteck ist wahrscheinlich auf der anderen Seite.«

Leise wie eine Katze ging Robert den gleichen Weg zurück. Als er die Hausecke erreicht hatte, schlich er hinter einen großen Rhododendron, nahm Anlauf und sprang mit einem Satz auf die Gartenmauer.

»So kann ich die beiden überraschen«, dachte er sich. »Sie werden am Boden nach mir Ausschau halten.«

Vorsichtig schlich Robert auf der Mauer entlang, wobei er es sorgfältig vermied, sich den Kopf an den tiefhängenden Ästen zu verletzen. Als er an einer Stelle ankam, an der er vom hinteren Bereich des Gartens aus nicht zu sehen war, blieb er stehen und schaute sich um.

»Sie könnten hinter dem Schuppen sein«, dachte Robert. »Aber das wäre irgendwie zu langweilig. Dann ist da noch das Gebüsch. Das wäre ideal, um dort ein Versteck zu bauen. Hmmm.« Der Junge überlegte. »Es besteht immer noch die Möglichkeit, dass sie sich etwas hinter der Mauer des Komposthaufens gebaut haben.« Er schüttelte den Kopf. »Aber ich denke, sie waren schlauer.«

Da fiel ihm die alte Tür auf. »Einer von ihnen könnte sich dahinter verstecken, aber nicht beide. Auf jeden Fall ist eine alte Tür, die an einer Mauer lehnt, kein richtiges Versteck.«

Mangels einer Alternative kroch er weiter auf der Mauer entlang und blieb dabei möglichst tief unten und außer Sichtweite. Als er an der Tür ankam, merkte er, dass sie nicht ganz an der Wand angelehnt war. Sie war unter einem Ast festgeklemmt. Der untere Teil der Tür war einen Meter von der Mauer entfernt, und der obere Teil hatte etwa die Hälfte des Abstandes davon. Als er in diese dunkle Lücke schaute, waren die Duncan-Brüder nicht zu sehen; aber gerade da fiel ihm etwas Interessantes auf.

»Da hängt ein Seil hinter der Tür«, murmelte er. »Sehr verdächtig!«

Er sah, dass das Seil bis zum Boden herunterhing. Als er seinen Blick an dem Seil hinaufgleiten ließ, fand er sich plötzlich Auge in Auge mit Will Duncan wieder, der sich ein paar Äste über ihm befand.

»Wie hast du so schnell erraten, wo wir waren?«, lachte Will.

George meldete sich schnell zu Wort: »Ich wollte dich extra verwirren, als ich geräuschvoll in die falsche Richtung lief.«

»Das war ein wenig zu auffällig«, grinste Robert. »Falls du im Sinn hast, ein professioneller Einbrecher zu werden, solltest du dir das nochmal überlegen. Du würdest dein ganzes Leben im Gefängnis verbringen.«

Robert griff nach dem Seil und benutzte es, um sich zu sichern, während er über die Äste auf die hölzerne Plattform hinaufkletterte, die seine Freunde in der Buche gebaut hatten.

»Was hältst du davon?«, fragte Will.

Der Besucher schaute sich um. »Es ist das beste Versteck, das wir jemals hatten«, sagte er. »Aber ich muss gestehen, dass ich euch zufälligerweise gefunden habe.«

George lachte laut. »Robert M'Cheyne, du flunkerst selbst bei einem Spiel nicht! Du tust nicht einmal so, als hättest du gewusst, wo wir waren! Sehr lobenswert!«

»Das habe ich ja auch nicht!«

Will und sein Bruder zwinkerten sich zu. Es mag ein Jahr vergangen sein, seit ihr Freund zuletzt in Ruthwell war, aber er war noch immer der gleiche anständige und ehrliche Robert Murray M'Cheyne. Nicht nur das – sein verschmitzter Blick zeigte, dass er genauso lustig war wie immer.

»Eichhörnchen?«, fragte Robert.

Seine Freunde grinsten.

»Also, dann Eichhörnchen!«, sagten sie zusammen. »Einmal um den Garten herum, und der erste, der wieder am Versteck ist, darf wählen, was wir morgen machen!«

Die drei Burschen kletterten die Äste entlang und schwangen sich dabei von Baum zu Baum. Der Garten des Pastors war von einer hohen Mauer umgeben. Letztes Jahr hatten sie herausgefunden, dass sie sich um den ganzen Garten herumbewegen konnten, ohne den Boden auch nur einmal zu berühren. Will und George hatten immer wieder geübt und die – ihrer Meinung nach – schnellste Route herausgefunden.

»Pass auf deinen Kopf auf!«, rief eine Stimme von oben.

George Duncan blickte auf. Robert war zwei Äste über ihm – und bewegte sich schnell vorwärts! Das Versteck war in Sichtweite, das Wettklettern wurde immer spannender.

»Vorwärts!«, rief Will von hinten, wobei er sich gar nicht sicher war, welchen Jungen er damit eigentlich anfeuern wollte.

Robert schnappte sich einen Ast der Buche, schwang sich daran, so weit er konnte, und ließ sich auf die Holzplattform fallen. Aber gerade eine Sekunde zuvor war George vorangeklettert und hatte sich somit das Recht erworben, das morgige Spiel auszuwählen. Will brauchte noch etwas länger, um sie zu erreichen, denn sein Hosenbein hatte sich in einem Ast verfangen. Lieber wollte er das Rennen, das er ohnehin verlieren würde, aufgeben, als einen Ärger mit seiner Mutter zu riskieren und einen peinlichen Flicken wegen einer zerrissenen Hose zu bekommen.

Obwohl George und Will älter waren als Robert, freuten sie sich über seine Besuche in Dumfriesshire. George fragte sich, ob er für solche Spiele schon zu alt sei; aber es brauchte nur das Wort »Eichhörnchen« zu fallen, um festzustellen, dass er in seinem Herzen immer noch ein Junge war. Und darüber war er froh.

»Kommt ihr drei herunter zum Tee?«, fragte eine Stimme unterhalb der Plattform. Es war Barbara, das dritte Mitglied der Duncan-Familie.

Im nächsten Moment war Robert auch schon unten, um seine alte Spielgefährtin wieder einmal zu sehen. Doch obwohl Barbaras Einladung verlockend war, wusste er, dass seine Tante ihn daheim erwarten würde.

»Wir sehen uns morgen«, sagte er. »Und George, denk dir für morgen etwas Interessantes für uns aus!«

Schnell ließ Robert das Dörfchen Ruthwell hinter sich und rannte die kurze Strecke nach Clarencefield. Nicht im Geringsten außer Atem bog er schnell in das Clarence Cottage ein und erreichte genau in dem Moment die Tür, als seine Tante die begehrten Scones[2] aus dem Ofen nahm.

»Ich wusste, dass dich das Gebäck hierherlocken würde«, sagte sie. »Scones sind wie Magnete für alle Jungs, die ich kenne.«

Der Tisch war gedeckt mit Haferplätzchen, Butter, Käse, Scones und Pflaumenmarmelade. Robert sah es sich an und grinste.

---

2 Ein englisches Teegebäck.

»Du machst wirklich alles selbst«, lachte er. »Hausgemachte Haferplätzchen, Scones und Butter aus der Milch von Maud, Mabel, Daisy und Ellen.«

Tante Dickson lachte. Sie freute sich, dass ihr Neffe sich an die Namen ihrer vier Milchkühe erinnerte.

»Du hast die Milch entrahmt, um wieder deinen eigenen Crowdie-Käse zu machen!«, rief Robert, während er sich die Lippen leckte. »Und deine Pflaumenmarmelade ist in ganz Clarencefield berühmt.«

»Was nicht besonders schwer ist«, lachte seine Tante laut. »Hier gibt es ja nur eine Handvoll Häuser!«

Für eine Viertelstunde war es fast komplett still, während der Junge den herzlichen Empfang und das gesunde Essen genoss. Seine Tante war auch still. Ihre Freude beim Zusehen war genauso groß wie Roberts Genuss beim Essen. Das einzige Geräusch war das Zwitschern des gelben Kanarienvogels in seinem Schilfrohrkäfig. Als sie fertig waren, gingen Tante Dickson und Robert hinaus in den Glanz der späten Nachmittagssonne.

»Hast du noch Geggely?«, fragte der Junge, während er acht pickende Hühner im Garten beobachtete.

»Sie ist dort drüben«, sagte seine Tante. »Hinter dem Gebüsch.«

Wie gerufen spazierte eine braune Henne pickend hinter dem Busch hervor und präsentierte sich.

»Sie legt die besten Eier, die ich jemals gegessen habe«, scherzte Robert. »Legt sie jetzt auch noch Eier?«

Seine Tante versicherte ihm, dass Geggely ihn täglich mit einem Ei versorgen würde.

»Und die Schweine?«, fragte er.

»Sind noch immer da«, grinste Tante Dickson, »und wühlen immer noch im Obstgarten herum. Sie zählen die Tage, bis die ersten Falläpfel zu ihren Füßen landen.«

»Ich habe die Tage gezählt, bis der letzte Schultag vorbei war und ich hierherkommen konnte«, sagte Robert. »Das mache ich jedes Mal.«

Tante Dickson schaute ihren Neffen stolz an. »Du bist gut in der Schule, habe ich gehört. Und du hast einige Auszeichnungen gewonnen.«

War es ein Erröten, oder hatte Robert etwas zu viel Sonne abbekommen? So oder so, er war ungewöhnlich rot.

»Erzähl mir, was deine Lieblingsfächer in der Highschool in Edinburgh sind.«

Robert musste nicht lang überlegen, was er auf diese Frage antworten sollte.

»Ich liebe Latein und Griechisch«, sagte er. »Und das beste am Lernen von alten Sprachen ist, dass du damit Bücher lesen kannst, die vor Hunderten von Jahren geschrieben wurden. Sie sind voller spannender Abenteuer und großartiger Schlachten. Du solltest sie lesen!«

Tante Dickson lachte. »Für mich ist es wahrscheinlich schon zu spät, um Latein und Griechisch zu lernen.«

Lächelnd erzählte Robert ihr, wann er angefangen hatte, Griechisch zu lernen. »Ich war vier Jahre alt«, sagte er. »Ich lag krank im Bett, als die Familie begann, mir das griechische Alphabet beizubringen. Es war halt etwas, das ich machen konnte, ohne aus dem Bett aufzustehen. Ich liebte die Klänge der Buchstaben und ihre Formen auf dem Papier. Seitdem war ich an Griechisch interessiert.«

»Na, da hat sich das Kranksein ja gelohnt, oder?«, lachte seine Tante.

Robert schaute sich um und lächelte.

»Ich liebe es, nach Clarencefield zu kommen«, sagte er. »An diesem Ort fühle ich mich genauso zu Hause wie in Edinburgh.«

»Und das sollte auch so sein«, antwortete Tante Dickson.

»Dein Vater wurde in Thornhill großgezogen – das ist nur 20 Meilen von hier entfernt. Deine Mutter und ich stammen aus Nether Locharwood – das ist gleich die Straße hoch. Also bist du hier natürlich zu Hause. Du gehörst zu dieser Gegend.«

Der Junge lachte. »Und ich gehöre zu Ruthwell, weil mich die Duncans dort so herzlich empfangen haben, dass ich gar nicht anders konnte, als mich dort auch zu Hause zu fühlen.«

Seine Tante schmunzelte, als er ihr erzählte, was sie an diesem Nachmittag gemacht hatten. Beim Gedanken an Mr. Duncan, der augenzwinkernd an ihm vorbeigegangen war, musste sie laut lachen. »Er ist so gutmütig. Alle jungen Leute mögen ihren Pastor«, sagte Tante Dickson. »Die Armen sind ihm sehr dankbar, und nicht nur in dieser Gegend.«

»Warum dankbar?«, fragte Robert neugierig.

»Vor nicht allzu langer Zeit waren Banken nur reichen Menschen zugänglich. Arme Leute durften kein Konto eröffnen, auch nicht, wenn sie ein wenig Geld gespart hatten. Sie waren einfach nicht willkommen. Mr. Duncan wusste das, deswegen gründete er eine Sparkasse für ärmere Menschen. Sie können nur ein paar Pence auf einmal einzahlen und auf diese Weise für das sparen, was sie brauchen, oder für Notzeiten. Eines Tages gibt es vielleicht Sparkassen im ganzen Land – das wäre gut.«

Robert war beeindruckt von Mr. Duncans Sparkasse. »Auch Kinder könnten in einer solchen Bank sparen.«

Seine Tante nickte. »Das könnten sie tatsächlich. Aber es wird Zeit, dass du die Runde machst, um nachzuschauen, was diese feinen Hühner dir heute zu bieten haben. Du findest die Nester wie immer in der Scheune.«

Eier einsammeln war eine von Roberts Lieblingsbeschäftigungen. Er nahm den Korb und legte ihn mit trockenem Gras aus, bevor er sich auf die Suche nach Geggely machte.

An diesem Nachmittag war es so warm, dass sie auf ihrem Nest fest schlief und nicht so aussah, als dürfe man sie stören.

»Versteckst du ein Ei?«, fragte der Junge, als er die Henne so anhob, dass sie nicht mit den Flügeln schlug. Geggely öffnete ihre tiefschwarzen Augen und starrte Robert an. Tief in ihrer Kehle formte sich der Laut eines Protestes, doch bevor sie ein irritiertes Glucken von sich geben konnte, hatte Robert bereits ihr Ei in der Hand, und sie saß wieder auf ihrem Nest. Die Henne öffnete überrascht beide Augen, als sie sich an demselben gemütlichen Platz wusste. Sie flatterte in eine bequeme Lage und döste wieder ein. Als Robert vier Eier eingesammelt hatte, bedeckte er sie mit trockenem Gras, bevor er nach den anderen suchte.

»Heute wurden sechs gelegt«, erzählte er seiner Tante, während er bald darauf in die Küche ging.

An diesem Abend schrieb er nach Hause, um von seiner Reise zu berichten, von seinem Empfang in Clarencefield, dem Versteck bei dem Pfarrhaus, und um seinen Brüdern und seiner Schwester zu erzählen, dass Geggely noch lebte und Eier legte.

Der Sommer war warm und trocken, und noch ehe viele Wochen vergangen waren, war der Mais golden und bereit zur Ernte.

»Meinst du, ich bin alt und kräftig genug, um dieses Jahr bei der Maisernte zu helfen?«, fragte Robert.

Tante Dickson betrachtete ihn von Kopf bis Fuß. »Ich denke, das könntest du«, antwortete sie. »Bitte die Duncan-Jungs, dir zu zeigen, wie es geht.«

Schnell sprintete Robert los zum Pfarrhaus. »George!«, rief er, als er am Tor ankam.

Sein Freund schaute vom Kartoffelbeet auf.

»Willst du mir helfen, die Frühkartoffeln zu ernten?«,

fragte er, während er eine Kartoffelstaude aus der Erde grub. Der Junge sank auf seine Knie und löste die kleinen Kartoffeln von der Staude. Dann sammelte er die größeren auf, die auf den Boden gefallen waren.

»Nimm dir doch welche zum Abendessen mit heim und iss sie mit Butter und Greentails.« »Was sind Greentails?«, rätselte Robert.

»Ein feiner Stadtmensch wie du würde es wahrscheinlich eher Schnittlauch nennen.«

Robert erinnerte sich plötzlich daran, warum er eigentlich gekommen war.

»Zeigst du mir, wie man Maisbündel macht?«, fragte er.

George grinste. »Ich dachte mir schon, dass du alt genug bist, um Männerarbeit zu machen. Ja, ich bringe es dir bei; aber ich verspreche dir, dass du danach voller Kratzer und Stiche sein wirst!«

Robert fühlte sich jetzt doppelt so groß und rannte den ganzen Weg zurück nach Clarencefield, um seiner Tante zu erzählen, dass er nun bei der Ernte helfen würde.

»Lektion eins«, sagte George Duncan am nächsten Tag, als er und Robert sich am Rande des Maisfeldes trafen. »Du sammelst eine Garbe Mais in deine Arme und legst sie auf den Boden. Dann ziehst du etwa ein Dutzend Stängel aus der Garbe und bindest sie damit direkt unter den Maiskolben zusammen.«

Robert nahm einen Arm voll Mais auf und trennte ein paar einzelne Stängel davon ab. Dann wickelte er sie um die Garbe ... und hielt inne. »Wie bindest du das fest?«, fragte er. »Die Stängel brechen, wenn ich versuche, einen Knoten zu machen.«

Sein Freund lächelte. »Du machst überhaupt keinen Knoten. Du wickelst die Stängel rundherum, drehst sie zusammen und steckst dann die Enden in die Garbe hinein.«

Es brauchte ein wenig Übung, aber schließlich gelang es Robert, vernünftige Garben zu binden. Dann begann die zweite Lektion.

»Du nimmst zwei Garben«, sagte George, »und dann lehnst du sie gegeneinander wie bei einem Indianerzelt. Danach lehnst du ein paar Garben auf der ersten Seite daran und wieder ein paar auf der anderen Seite, um daraus eine große Garbe zu machen. So kann der Wind hindurchblasen, um den Mais zu trocknen.«

Am Ende des Tages wusste Robert, was sein Freund zuvor gemeint hatte. Nachdem er stundenlang bei der Ernte geholfen hatte, war er erschöpft und glücklich, aber auch zerkratzt, und die Haut juckte unglaublich.

»Dieses Bad ist für dich«, sagte Tante Dickson, während sie einen Topf voller Wasser in eine Blechwanne auf dem Küchenboden goss. »Du hast es verdient!«

Und so verging der Sommer im Jahr 1823. Die Tage waren angefüllt von Spielen mit den Duncan-Jungs, manchmal auch mit Barbara. Robert half Tante Dickson, sich um die Schweine, Hennen und Kühe zu kümmern. Und er half, als die Garben zu großen Bündeln zusammengestellt wurden, immer aus jeweils einem halben Dutzend Garben. Dann sah er zu, wie die Bündel zu großen Haufen gestapelt wurden. Fasziniert beobachtete Robert, wie die Männer jeden Haufen mit langen Maisstängeln vom Vorjahr zudeckten, damit das Regenwasser besser abfließen konnte und nicht alles einsickern würde. Als die Zeit kam, nach Edinburgh zurückzukehren, hatte Robert das Gefühl, sein ganzes Leben auf dem Land verbracht zu haben.

»Du hattest so viel Freude«, sagte seine Tante. »Du musst auf jeden Fall nächstes Jahr wiederkommen!«

»Du wirst mich nicht davon abhalten können«, lachte Robert. »Vergiss nicht, dass du gesagt hast, dass ich hierher gehöre!«

Der Winter beginnt

2

Robert öffnete seine Augen und sprang aus dem Bett. Er strahlte, während er sich streckte, denn er hatte von seinen Sommerferien in Clarencefield geträumt. Doch als er seine Gardinen zurückzog, entdeckte er, dass es keinen größeren Unterschied geben konnte, als zwischen dem Januar in Edinburgh im Jahre 1824 und dem letzten Sommer in Clarencefield. Es gab keine helle Sommersonne, keine Wärme in der Luft, und ... war das eine Schneeflocke, was da herabfiel, oder Asche eines frühmorgendlichen Feuers? Der Junge rieb sich die Augen und suchte nach Anzeichen für einen verschneiten Samstag, aber es war noch zu dunkel draußen.

Robert wickelte sich in seinen wollenen Morgenmantel, zündete eine Kerze an und nahm das Buch, das er vor dem Einschlafen gelesen hatte – eine spannende Geschichte über das antike Griechenland. Die Kerze flackerte für ein oder zwei Momente kurz auf, bevor sie richtig brannte.

»Eine großartige Geschichte«, sagte Robert zu sich selbst. »Also, wo war ich gewesen?«, fragte er sich und blätterte herum. Er kannte die Geschichte so gut, dass es ihm schwerfiel, sich zu erinnern, bis wohin er diesmal gekommen war.

»Da sind wir!«, sagte er, als er zu lesen begann. Robert wurde sofort ins antike Griechenland zurückversetzt. Vor seinem geistigen Auge sah er griechische Soldaten, die gerade siegreich aus einer Schlacht zurückkehrten ...

Als er fertig war, schlug er das Buch zu und stellte fest, dass es schon taghell war. Er hatte stundenlang gelesen!

Während er seinen Morgenmantel fester zog und zum Fenster ging, hielt er wieder nach Schneeflocken Ausschau.

Von seinem Zuhause in der Edinburgh Queen Street konnte Robert die ganze Straße überblicken und die gepflegten Gärten der Nachbarschaft bewundern. Hinter den Gärten ging es bergab, und er konnte über die Bäume und Dächer bis zum fernen Firth of Forth[3] sehen. Und jenseits des winterlich grauen Gewässers des Forth konnte er die Hügel von Fife sehen. Die Lomondhügel waren nicht hoch, aber sie waren hoch genug, um Hinweise auf das Wetter in der Mitte des Winters zu geben.

»Es schneit auf den Lomondhügeln«, sagte Robert, »und es kommt auf uns zu!«

Er beobachtete, wie der Nordwind Schneewolken über den Firth of Forth blies, und er schmunzelte, als die ersten Schneeflocken auf Edinburgh fielen.

»Ich kann's nicht abwarten, es David zu erzählen!«

Robert wusch sich und zog sich schnell an, bevor er nach unten rannte, um der Familie zu erzählen, dass es schneite. Da stellte er fest, dass sie alle schon im Esszimmer waren!

»Welche deiner griechischen Geschichten hat dich so lange aufgehalten, dass du zu spät zum Frühstück kommst?«, fragte sein Vater.

Wenn Robert jemals zu spät kam, dann lag es immer daran, dass er seine Nase in ein Buch gesteckt hatte. Grinsend

---

3 Ein Meeresarm an der Ostküste von Schottland, wo der Fluss Forth in die Nordsee mündet.

nannte Robert ihm den Titel des Buches und erklärte, dass ihn nun, wo es schneite, nichts mehr aufhalten könne.

»Ich habe mich schon gefragt, wann du es merken würdest«, lachte David. »Schnee an einem Samstag – was kann es Schöneres geben!«

Als das Frühstück beendet war, fielen die Schneeflocken bereits dicht und schnell.

»Habt ihr Lust auf einen Spaziergang in den Gartenanlagen?«, fragte David seine Geschwister.

Eliza, Willie und Robert mussten kein zweites Mal gefragt werden. Die Jungs zogen Wintermäntel an, und ihre Schwester hüllte sich in einen Kapuzenmantel, um sich vor dem eisigen Nordwind zu schützen. Dann überquerten die vier jungen Leute die Queen Street und gingen in die Gartenanlagen.

»Es schneit wirklich heftig«, lachte Robert. »Wir könnten um die Gärten herumlaufen und sehen, ob wir zum Tor zurückkommen können, bevor der Schnee unsere Fußspuren verdeckt hat.«

»Ich denke, es wäre besser, wir würden schnell gehen, anstatt zu laufen; denn es gab letzte Nacht sehr starken Frost, und wir wollen uns ja keine Knochen brechen«, riet Willie.

David zwinkerte. »Man kann schon erahnen, wer von uns mal Arzt werden wird!«

Sie machten sich in einem rasanten Tempo auf den Weg und stellten dabei sicher, dass sie so deutliche Fußabdrücke wie möglich hinterließen.

»Warum magst du die griechischen Sagen so sehr?«, fragte Eliza ihren jüngeren Bruder.

Robert überlegte, bevor er antwortete. »Sie sind spannend«, sagte er. »Und man kann eine Menge davon lernen.«

»Was denn?«

»Sie sind reich an Geschichten von Mut und Kühnheit,

Freundschaft und Loyalität«, fuhr Robert fort. Dann bemerkte er, dass die Haare seiner Schwester von dem starken Schneefall weiß geworden waren, und er riet ihr, ihren Mantel fester zusammenzubinden und die Kapuze aufzusetzen.

Die vier gingen schnell um den Garten herum und erreichten das Tor gerade, als ihre ersten Fußabdrücke unter dem starken Schneefall verschwanden.

»Meinst du, wir könnten einen Schneemann bauen?«, fragte David, als er die weiße Schneedecke um sie herum betrachtete.

Willie schüttelte den Kopf. »Frischer feiner Schnee ist dafür nicht so gut geeignet wie pappiger Schnee«, erklärte er. »Der hält besser zusammen.«

Als er die Enttäuschung im Gesicht seines kleinen Bruders sah, fügte Willie hinzu, dass sie ja versuchen könnten, Schneebälle daraus zu formen. Kaum war das Wort aus seinem Mund heraus, traf ihn auch schon einer auf der Brust, und Robert brach in Gelächter aus.

»Hast du den geworfen, David?«, fragte Willie und interpretierte das Lachen seines Bruders als ein Ja.

Innerhalb von Minuten flogen die Schneebälle hin und her, und andere junge Leute tauchten wie aus dem Nichts auf, um am Spaß der M'Cheynes teilzunehmen.

Als David, Willie, Eliza und Robert ins Haus Nummer 56 eintraten, waren sie völlig durchnässt. Elizas Kapuze war heruntergefallen, und ein Schneeball, der sich darin verfangen hatte, zerschmolz nun zu einer Wasserlache. Auch Roberts Stiefel waren voller Schnee und seine Füße klatschnass. Die beiden älteren Jungen bürsteten sich ab und setzten sich ans Feuer, um sich zu trocknen. Mrs. M'Cheyne kümmerte sich währenddessen um Eliza und Robert, die beide schließlich ihre komplette Kleidung wechselten.

»Also«, sagte Mr. M'Cheyne, »ich denke, wir sollten uns einmal gemeinsam für eine Weile an den Kamin setzen.«

Die vier jungen Leute schmunzelten einander an. Es war der 27. Januar, der Geburtstag ihres Vaters, und das war immer mit ein wenig Spaß und Spielen verbunden. Doch vorher gab es etwas, das einfach etwas ernster war.

»Ich möchte dir gern dein Geburtstagsgedicht vorlesen«, sagte David zu seinem Vater, als sie um den Kamin versammelt waren.

Mr. M'Cheyne lächelte. Er liebte diese Tradition, die sein mittlerer Sohn begonnen hatte: für jeden Geburtstag seiner Eltern ein Gedicht zu schreiben. Er lehnte sich in seinem Stuhl zurück und lauschte, während David vorlas. Die Worte des Gedichtes waren gleichzeitig ernsthaft und lustig, wobei er ihrem Vater für seine Liebe und Güte dankte.

Eine Geschichte nach der anderen wurde erzählt, bis Mr. M'Cheyne sagte, dass es nun Zeit für ihn sei, in seinem Arbeitszimmer noch etwas zu arbeiten.

»Aber, Vater ...«, begann Robert.

Mr. M'Cheyne schaute in Richtung seines jüngsten Sohnes, und es fiel kein Wort mehr.

»Er ist ein guter Junge«, dachte der Anwalt, als er die Tür hinter sich schloss. »Ich kann mich nicht erinnern, dass ich jemals mehr tun musste, als Robert anzusehen, damit er mein Wort akzeptiert und aufhört zu diskutieren.«

»Sind wir bereit dafür, zum Gottesdienst zu gehen?«, fragte Mrs. M'Cheyne am nächsten Morgen.

Sie schaute sich innerhalb der Familie um und war stolz auf sie alle. Gut sahen sie aus in ihrer Sonntagskleidung und mit ihren Bibeln unter den Armen.

»Lasst uns gehen«, sagte Mr. M'Cheyne. »Es ist ein weiter Weg, und die Gehwege könnten glatt sein.«

Das waren sie! Obwohl Robert ein paar Mal aus Versehen ins Rutschen kam, geschah es öfters mit Absicht.

Die Familie lief den ganzen Weg zur Tron-Kirche für den Morgengottesdienst, und weil es zu weit war, um an einem eiskalten Tag zwei Mal hinzugehen, blieben sie dort, bis der Nachmittagsgottesdienst vorbei war. Zwischen den Gottesdiensten nahmen die Jugendlichen auf den Kirchenbänken Platz, wo es eine Frage-Antwort-Runde gab. Einer der Ältesten stellte ihnen Fragen zu biblischen Wahrheiten, und die jungen Leute beantworteten sie der Reihe nach. Sie übten auch einige Lieder.

»Es ist erstaunlich, wie schnell die Zeit zwischen den Gottesdiensten vergeht«, sagte David, als sie am späten Nachmittag wieder heimgingen.

Robert sah seinen Lieblingsbruder an. »David liebt es, zur Kirche zu gehen«, dachte er. »Ich mag es auch, aber für ihn ist es irgendwie wirklich etwas Besonderes.«

Im Morgengrauen des Montags war Robert wie immer als Erster aufgestanden. Er ging gern zur Schule und freute sich auf die neue Woche. Er zog seine Schulkleidung an – einschließlich seiner grünen Schottenhose – und bereitete sich auf den kommenden Tag vor. Als die Morgendämmerung anbrach, schaute er sich in seinem gemütlichen Zimmer um, und seine Gedanken wanderten zur Edinburghs Cowgate[4], wo einige andere Highschool-Studenten wohnten. Robert nahm seinen Bleistift und sein Skizzenbuch und zeichnete einen Teil der Cowgate aus dem Gedächtnis. Er malte eine schmale, kurvige Gasse mit hohen Gebäuden auf beiden Sei-

4 The Cowgate ist eine Straße in Edinburgh, Schottland, etwa 500 m südöstlich des Edinburgh Castle.

ten. Die oberen Teile der Gebäude waren ungeordnet und noch enger zusammen als gewöhnlich, so eng, dass die Menschen, die sich aus den Fenstern im obersten Stockwerk lehnten, den Bewohnern auf der anderen Straßenseite beinahe die Hand schütteln konnten!

»Wenn die Gebäude zwei Etagen höher wären, könnten sie oben miteinander verbunden werden, und Cowgate wäre ein Tunnel«, lachte Robert.

Er hielt den Bleistift schräg und schattierte das Bild, bis es sehr dunkel war. Dann zeichnete er die kopfsteingepflasterte Straße.

»Ich muss es auf der Straßenebene dunkel machen«, dachte Robert, während er zeichnete. »Nur wenig Sonnenlicht kommt so weit herunter.«

Er stellte seine Zeichnung auf den Kaminsims und betrachtete sie aus der Entfernung. Dann nahm er sie wieder herunter und begann, ein paar Menschen einzuzeichnen. Als er damit fertig war, sah seine Zeichnung der Cowgate sehr voll und belebt aus. Frauen standen in den Eingängen und unterhielten sich miteinander. Männer rollten Karren voller Waren zum Verkauf umher, und die Kinder spielten in den Winkeln der Gassen Verstecken. Einige geschickt schattierte Bereiche zeigten, dass die Kinder nicht besonders sauber waren, was dem ganzen Bild einen traurigen und verwahrlosten Ausdruck verlieh.

»Die Cowgate und die Queen Street könnten nicht unterschiedlicher sein«, dachte Robert, als er sich in seinem Zimmer umsah. »Ich weiß nicht, wie die Jungs von der Highschool, die dort wohnen, jemals Ruhe zum Studieren finden.«

Da es Winter war, wurde es schon dunkel, als Robert sich mit zwei Freunden aus der Queen Street nach der Schule auf den

Heimweg machte. Obwohl es ein recht langer Weg war, hatten sie keine große Eile. Als sie aus der Highschool in die Infirmary Street kamen und auf die South Bridge einbogen, begannen die Lichter in einigen der hohen Gebäude um sie herum zu leuchten.

»Ich erinnere mich, dass ich an dem Abend, bevor ich in die Schule kam, mit David und Willie hier entlangging«, erzählte Robert seinen Freunden. »Das Gaslicht war gerade erst in den Gebäuden der South Bridge eingebaut worden, und sie brachten mich extra herüber, um es mir zu zeigen. Ich war so begeistert!«

Robert lachte. »Als ich klein war, dachte ich immer, Häuserreihen unter langen Brücken seien unheimlich. Einmal sagte ich Papa, dass ich nie im Leben unter den Brücken hindurchgehen würde, weil sie über mir einstürzen könnten.«

»Und hast du dich daran gehalten?«, fragte sein Freund.

Herzhaft lachend gab Robert zu, dass er es trotzdem getan hatte ... und dass er es überlebt hatte!

»Was hast du heute in der Schule gemacht?«, fragte Willie seinen kleinen Bruder beim Abendbrot.

»Wir hatten erst Griechisch. Da habe ich einen Vers vorgelesen, den ich auf Griechisch geschrieben hatte.«

Willie hob seine Augenbrauen als Zeichen der Anerkennung.

»Dann hatten wir Geschichte, und am Nachmittag machten wir Mathe.«

»Lass mich raten«, neckte Willie. »Dir hat der Morgen besser gefallen?«

Robert schmunzelte. Er konnte gut rechnen, aber er liebte Griechisch, und er liebte auch die Dichtkunst.

»Hast du Hausaufgaben auf?«, fragte sein älterer Bruder.

»Nur Lesen«, lautete die Antwort. »Aber für die nächste

Woche muss ich mich über das Gebäude auf dem Mound[5] informieren.«

»Ich helfe dir am Samstag damit, wenn du möchtest«, sagte Willie von sich aus, »und wenn du mir bei meinen Aufgaben auch hilfst.«

Verwirrt fragte sich Robert, was er einem Medizinstudenten wohl beibringen könnte.

»In Anatomie studieren wir Füße und Knöchel. Ich würde mir gerne die Deinen ansehen und sie auch zeichnen.«

»Kinderleichte Hausaufgaben«, lachte Robert, der das Zeichnen liebte.

Nach dem Abendbrot lehnte sich der Junge auf einer Couch zurück, mit seinen Füßen auf einem Hocker. Während Willie seine Füße aus einigen unterschiedlichen Perspektiven zeichnete, malte Robert das Gesicht und Profil seines Bruders. Er konnte das gut und fertigte eine ganze Sammlung von Zeichnungen seiner Familie an. Weil Willie immer noch beschäftigt war, zeichnete der Junge ein Selbstportrait seiner Reflektion im Spiegel.

»Meinst du, ich könnte Arzt werden, wenn ich älter bin?«, fragte Robert.

Willie, der sich schwer damit tat, den großen Zeh seines Bruders zu zeichnen, schaute beim Antworten nicht auf.

»Nein, ich denke nicht, dass du Arzt wirst. Ich denke, du wirst Latein und Griechisch studieren und an der Edinburgh Highschool unterrichten.«

Der jüngere Bursche dachte eine Minute lang nach.

»Das würde mir nichts ausmachen«, sagte er. »Dann

---

5 The Mound ist ein künstlich angelegter Hügel in Edinburgh, der den neuen und den alten Teil der Stadt miteinander verbindet.

könnte ich alle Bücher lesen, die ich lesen möchte. Und ich könnte nach Griechenland und Rom reisen, um mir die antiken Orte anzusehen – und ich könnte sie alle zeichnen und sie heimbringen, um sie dir zu zeigen.«

»Aber bis dahin bin ich vielleicht schon weg von zu Hause«, bemerkte Willie.

Plötzlich war Robert sehr interessiert an den Plänen seines Bruders und fragte, wohin er denn zu gehen gedenke.

»Ich weiß es noch nicht«, war die zögerliche Antwort. »Aber Ärzte werden überall gebraucht. Ich könnte sogar bis nach Indien gehen.«

»Wenn du nach Indien gehst, werde ich sparen und dich besuchen kommen.«

Als er seine Zeichnung beendet hatte, kitzelte Willie Roberts Füße und schlug ihm vor, er solle gleich mit dem Sparen beginnen.

Einer von Robert M'Cheynes Schulfreunden schloss sich am Samstag der Erkundung des Mound an. Willie, der gut erklären konnte, sprach ununterbrochen!

»Als unser Haus und all die anderen Häuser in der Nachbarschaft der Queen Street gebaut wurden, brachte man die ausgehobene Erde zum Nor Loch. Nun, wie ihr wisst« – Robert und Malcolm zwinkerten sich zu, weil Willie so sehr wie ein Lehrer klang – »lag der Nor Loch zwischen unserem Wohnort und dem großen Hügel, auf dem das Edinburgh Castle gebaut wurde. Also gab es Häuser in der Nähe der Bergkuppe des Castle Hill und Häuser wie das unsere viel weiter unten, mit dem Loch dazwischen. Und es gab keine Möglichkeit, von dem einen zum anderen Ort zu gelangen, ohne einen ziemlich langen Fußmarsch zu machen. Dann wurde entschieden, all diese riesige Menge an Erde zu verwenden, um eine Straße bis nahe an die Spitze des Castle Hill zu bauen. Das wurde getan, und das nennen wir heute den Mound.«

»Manche nennen es Geordie Boyd's Mud Brig«, sagte Malcolm.

»Und weißt du, wer Geordie Boyd war?«, fragte Willie.

Roberts Freund schüttelte den Kopf. »Ich habe keine Ahnung.«

»Nun, ich kann es dir erzählen«, sagte Roberts älterer Bruder.

»Als die Häuser auf unserer Seite des Nor Lochs gebaut wurden, suchte sich der Ladenbesitzer Geordie Boyd, der auf der anderen Seite wohnte, immer einen Weg über die Erde, die in den Loch geschüttet wurde. Und jedes Mal, wenn er auf dem Rückweg war, nahm er sich etwas von dem Schutt und legte ihn in den Schlamm, um so beim Aufbau der Straße zu helfen.«

Robert war still, als sie nach Hause gingen.

»Wenn du nach Indien gehst«, sagte er nach einer Weile, »dann muss ich dich eigentlich gar nicht besuchen kommen.«

»Warum nicht?«, fragte Willie.

Sein Bruder schmunzelte. »Weil du Dinge so gut beschreiben und erklären kannst, dass ich aus deinen Briefen alles über Indien erfahren werde, ohne jemals Edinburgh zu verlassen!«

Das große Feuer von Edinburgh

3

Am 15. November 1824 sah man gegen 22 Uhr Flammen aus dem Fenster eines Kupferstechers in der Nähe der Edinburgh High Street auflodern, und Schreie durchbrachen die Stille der Nacht: »Feuer!« Die von Pferden gezogenen Feuerwehr-Dampfdruckspritzen kamen schnell an, aber die Feuerwehrmänner brauchten etwa eine Stunde, um die Schläuche in Gang zu bringen. Bis dahin stand schon das ganze Gebäude in Flammen. Ein Südwest-Wind hatte das angrenzende Haus bereits in Brand gesteckt. Es war schwer, die Dampfdruckspritzen in die enge Umgebung zu bekommen, und in erschreckend kurzer Zeit brannte der ganze Komplex.

»Gebt uns die Schläuche!«, schrie eine Stimme vom Dach des nächsten Gebäudes aus.

Aber niemand hörte sie, da das Getöse des Feuers und die Schreie der Menge sie übertönten.

»Die Schläuche!«, riefen alle Männer auf dem Dach gleichzeitig. »Gebt uns die Schläuche!«

Das Wissen, dass sie durch Herunterspritzen von oben her helfen könnten, machte ihre Schreie umso verzweifelter.

»Die Schläuche! Gebt uns die Schläuche her!«

Ihre Schreie wurden erst gehört, als es zu spät war, um irgendetwas Gutes zu tun, und die mutigen Männer, die auf die Dächer der Häuser geklettert waren, begaben sich in Windeseile wieder hinunter, bevor sie von dem sich ausbreitenden Feuer eingeschlossen und verbrannt würden.

Der Wind ließ nach. In der stillen Nachtluft flogen Flammen und Funken aufwärts, wie von einem riesigen Vulkan ausgestoßen. Asche und Rauch schnürten den Feuerwehrmännern die Kehle zu. Die Menschen, die dorthin eilten, um das Feuer zu sehen, erlebten einen Anblick des totalen Grauens. Es schien, als würde die ganze Welt brennen, und das Dröhnen der einstürzenden Gebäude machte alles noch furchterregender. Männer und Frauen rannten um ihr Leben, und Kinder, verwirrt und verängstigt, schrien, bis sie nicht mehr schreien konnten, weil ihre Kehlen und Lungen voll waren von dem giftigen Rauch.

Gegen 1 Uhr nachts begann es in Strömen zu regnen. Zudem drehte sich der Wind und blies die Flammen in die entgegengesetzte Richtung. Die Feuerwehrleute wussten nicht, in welche Richtung sie sich wenden sollten. Alles Gute, was der starke Regen bewirkte, wurde durch den stürmischen Wind wieder zunichte gemacht. Die ganze Nacht über kämpften die Männer gegen die Flammen; manche brachen vor lauter Erschöpfung zusammen, nur um wenig später wieder alle Kräfte zusammenzunehmen und weiterzuarbeiten. Auf einmal war die Tron-Kirche komplett umgeben von brennenden Gebäuden; aber sie stand da, als ob sie das Feuer herausforderte, sie zu erreichen. Und es schien, als würde sie dem Feuer entkommen können, als schließlich nahezu die letzten Flammen um 8 Uhr morgens gelöscht wurden.

Da geschah es. Ein Funke, der vom Wind verweht wurde, setzte sich in den Holzturm der Tron-Kirche. Keiner bemerkte, dass er zu schwelen begann. Keiner bemerkte die erste kleine Flamme, die das Holz überzog. Und es war zu spät, als ein markerschütternder Schrei die Luft zerriss: »Die Tron brennt!« Die stärkste Dampfdruckspritze war bald im Einsatz, doch nichts konnte verhindern, dass sich der Kirchturm in eine Pyramide aus Flammen verwandelte. Gebannt schauten die Menschen zu, wie sich das geschmolzene Blei vom Dach in Strömen in die Kirche ergoss. Sie hielten die Luft an, als der Turm mit großem Getöse zusammenbrach. Die riesige Glocke, die im Turm der Tron-Kirche hing, war zu Boden gestürzt. Das Entsetzen darüber veranlasste die Feuerwehrmänner zu übermenschlichen Aktionen, und es gelang ihnen, die Kirche zu retten.

Ein paar Stunden später gingen die drei M'Cheyne Brüder hin, um sich einen Überblick über die Verwüstungen zu verschaffen.

»Ich frage mich, wie stark die Kirche beschädigt ist«, bemerkte Robert, als sie schnell über die South Bridge gingen.

Willie schüttelte den Kopf: »Man sagt, der ganze Turm sei verschwunden.«

»Er wäre innerhalb von Minuten in Flammen aufgegangen«, fügte David hinzu. »Er war aus Holz gebaut und zu hoch, um das Feuer zu löschen.«

Sie marschierten weiter; alle wollten die Schäden an ihrer Kirche und an anderen Gebäuden sehen.

Als sie ankamen, war es genau so, wie es ihnen erzählt worden war. Die Kirche wirkte kahl vor dem klaren Winterhimmel. Und wo der Turm einst stand, war nur noch ein Gewirr aus verkohltem Holz, das in alle Richtungen zeigte. Roberts Mund öffnete sich, um etwas zu sagen, dann schloss er sich wieder. Es war David, der als Erster sprach.

»Es ist schwer zu glauben, dass wir dort vorgestern noch im Gottesdienst waren.«

»Aber wir werden nie wieder einen anderen dort erleben«, fügte Willie hinzu. »Die Tron ist vernichtet.«

Die Jungen gingen erst an einer Seite des Gebäudes entlang, dann an der anderen.

»Ich denke, sie ist noch nicht ganz ruiniert«, vermutete David. »Der Hauptteil des Gebäudes ist aus Stein. Und obwohl er vom Feuer geschwärzt ist, denke ich, dass er wiederhergestellt werden könnte.«

Aus der ganzen Stadt hatte sich eine Menschenmenge versammelt, um zu realisieren, was geschehen war. Ein Junge, der scheinbar nicht viel von Edinburgh wusste, wurde im Gedränge gegen die M'Cheyne-Kinder gestoßen.

»Ist die Burg abgebrannt?«, fragte er.

Als Willie den Burschen erblickte, lächelte er. »Nein«, sagte er. »Die Burg ich ziemlich sicher. Möchtest du sie sehen?«

Der Junge nickte, und Willie nahm ihn huckepack. »Weißt du, wo du hinsehen musst?«

»Nein«, antwortete der Junge. »Ich war bisher noch nie direkt in der Stadt. Ich bin nur gekommen, um zu sehen, wo das Feuer war.«

»Schau den Hügel hinauf und sag mir, was du siehst.«

»Da sind hohe Gebäude den ganzen Weg entlang, bis nach oben«, antwortete der Junge.

»Und was ist ganz oben?«

»Ich weiß nicht, Sir«, antwortete der Knabe.

Als der Junge »Sir« sagte, setzte Willie seine Lehrerstimme ein. Robert und David zwinkerten einander zu und lauschten dem, was ihr Bruder zu sagen hatte.

Willie drehte seinen neuen Schüler in die richtige Richtung, bevor er mit seiner Lektion fortfuhr. »Schau den Hügel hinauf bis zum Ende der Straße, und du wirst geradewegs einen Blick auf die Edinburgh Castle erhaschen.«

»Oh! Ich kann sie sehen!«, lachte der Junge. »Bitte, Sir, was ist unten in der anderen Richtung? Ich glaube, ich kann dort Wasser sehen.«

»Das, junger Mann, ist das Meer. Doch bevor man so weit kommt, steht man am Fuß des Hügels der Holyrood Palace. Und die Straße, auf der wir stehen, heißt Royal Mile. Sie verläuft unten vom Holyrood Palace bis hinauf zur Edinburgh Castle. Habt ihr das nicht in der Schule gelernt?«, fragte Willie.

»Ich war noch nie in der Schule, Sir«, antwortete er. »Darum habe ich solche Dinge nicht gelernt.«

»Wie alt bist du?«, fragte Robert.

»Ich bin zwölf«, antwortete der Bursche. »Und ich bin von Beruf Zwirnwickler. Ich bin weggerannt, als ich vom Feuer hörte, weil ich es unbedingt sehen wollte.« Dann schüttelte er den Kopf. »Aber mein Meister wird mich verprügeln, wenn ich zur Arbeit zurückkomme.«

Willie hob den Jungen von seinem Rücken und setzte ihn neben Robert ab.

»Ich sollte lieber gehen«, entschied der junge Bursche und ging los, indem er sich durch die Menge drängelte, um sich seine Prügelstrafe abzuholen.

»Der Junge war älter als ich«, sagte Robert, als sie sich auf den Heimweg machten. »Aber er war viel kleiner und dünner.«

»Das liegt daran, dass er unterernährt ist«, erklärte Willie. »Und hast du bemerkt, wie blass er ist, und dass seine Beine an den Knien nach außen gebogen sind?«

Sein junger Bruder nickte.

»Wahrscheinlich arbeitet er seit seinem fünften oder sechsten Lebensjahr als Zwirnwickler. Im Winter wird er vor Sonnenaufgang zur Arbeit gehen und erst nach Einbruch der Dunkelheit fertig werden. Für mehrere Monate im Jahr wird er gar kein Tageslicht und nicht genug Nahrung bekommen. Darum ist er blass und leidet sicher an Rachitis.«

»Was machen Zwirnwickler?«, fragte Robert, als sie heimwärts gingen.

Willie, lehrerhaft wie immer, war derjenige, der es ihnen erklärte. »Zwirn ist nur stark, wenn einige Fäden ineinandergedreht werden. Deshalb werden einzelne Fäden an einer Spindel befestigt und dann durch Drehen des Griffs zusammengedreht.«

»Und das macht er von vor Tagesanbruch an bis nach Einbruch der Dunkelheit?«, fügte der Junge mit einem erstaunten Pfiff hinzu. »Das ist ja schrecklich.«

Sie gingen eine Weile still, in Gedanken versunken, nebeneinander her. Robert dachte über das große Feuer nach – und über den Jungen, den sie getroffen hatten, und über die Prügel, die er bekommen würde, weil er von der Arbeit weggelaufen war, um den Schaden zu sehen. Willie dachte beim Gehen über Rachitis nach und über die Änderungen, die vorgenommen werden müssten, um diese Krankheit zu verhindern, die, wie er wusste, größtenteils durch Armut verursacht wurde. Und David dachte über die Tron-Kirche nach, an die Zeiten, in denen er dort Gott angebetet hatte, und über vieles, was er aus den Predigten gelernt hatte. Dann fragte er sich, was Jesus wohl für den Jungen getan hätte, den sie gerade getroffen hatten.

»Habt ihr seine nackten Füße bemerkt?«, fragte er seine Brüder.

Robert nickte. »Und seine Kleidung war dünn und zerlumpt und konnte ihn überhaupt nicht vor der Kälte schützen.«

»Ich wünschte, ich hätte etwas Geld bei mir gehabt, das ich dem Jungen hätte geben können«, bemerkte David besorgt. »Jesus hätte ihn nicht gehen lassen, ohne ihm geholfen zu haben; aber wir haben es getan.«

»Ich weiß nicht, warum du studierst, um Anwalt zu werden«, sprach Robert zu David. »Du solltest stattdessen lieber Pastor werden.«

Sein Bruder lächelte traurig, wobei er immer noch an den Jungen dachte. »Gott braucht unter den Christen sowohl Anwälte als auch Pastoren«, entgegnete er. »Und möglicherweise sind es Gesetzesänderungen, die auf lange Sicht für Jungen wie diesen etwas Gutes bewirken.«

Als sie in die Queen Street einbogen, lief Eliza ihnen entgegen.

»Ich warte schon seit Ewigkeiten darauf, dass ihr zurückkommt«, sagte sie. »Erzählt mir alles über das Feuer und über die Kirche – und über alles.«

Willie begann, den ausgebrannten Kirchturm zu beschreiben. Seine Brüder waren verblüfft, an welche winzigen Details er sich erinnerte.

Zweieinhalb Jahre später, als Robert 14 Jahre alt war, machte er sich zum letzten Mal auf den Weg von der Highschool in Edinburgh nach Hause. Sein Leben würde sich grundlegend ändern, denn er sollte zur Universität gehen. Endlich kam der bedeutsame Tag.

»Ich werde aufpassen müssen, dass ich nicht aus Versehen zur Schule gehe, denn die Highschool und die Universität von Edinburgh liegen so nah beieinander.« Er lächelte bei dem Gedanken.

Als er an seinem ersten Tag als Student die South Bridge entlangging, kam er an einigen Jungs aus dem Jahrgang unter ihm vorbei.

»Hallo, Robert!«, rief einer von ihnen von der anderen Straßenseite her.

»Er ist jetzt Mr. Robert Murray M'Cheyne«, bemerkte ein anderer.

»Das stimmt«, lachte Robert. »Merk dir das nur!«

Dieser Morgen war der Beginn von acht Jahren Universitätsleben.

»Ich denke, wir sollten Robert M'Cheyne für den Abend zu uns einladen«, sagte ein Erstsemester-Student zu einem seiner Freunde. »Ich beobachte ihn, seitdem wir mit der Universität begonnen haben, und er scheint ein anständiger Bursche zu sein.«

»Na, dann frag ihn mal«, antwortete der andere junge Mann.

Die beiden gingen zu Robert hinüber, der vor dem Überqueren der Straße zunächst eine Pferdekutsche vorbeifahren ließ.

»Wir spielen nachher ein Spiel, und wir haben uns gefragt, ob du uns Gesellschaft leisten möchtest«, wurde Robert auf einmal gefragt. »Es wird nicht gemogelt.«

Robert M'Cheyne grinste. »Na, dann werde ich kommen, vielen Dank«, lachte er. »Ich finde, Mogeln ist böse und primitiv; aber ich mag ehrliche Spiele.«

Sie hatten eine schöne Zeit zusammen und begannen, sich gelegentlich zu treffen, manchmal zum Spielen und manchmal, um einfach nur miteinander zu reden.

»M'Cheyne ist ein anständiger Bursche«, meinten die meisten Leute, denn er war ehrlich, zuverlässig und ein treuer Freund. Tatsächlich war Robert bei Dozenten und Studenten gleichermaßen beliebt. Während seiner ersten drei Jahre an der Universität studierte er hauptsächlich Griechisch und Latein, aber auch einige andere Fächer, darunter Französisch, Sportgymnastik und Rhetorik. Und er schrieb sowohl zu seinem Vergnügen als auch für die Universität Gedichte.

»Lass uns schon mal losgehen zum Gottesdienst, Robert«, schlug David vor. »Die anderen werden uns schon einholen.«

Es war 1828, und die Familie hatte gerade begonnen, die neuerbaute St. Stephens Kirche ganz in der Nähe ihres Hauses zu besuchen. Sie gingen zuerst schweigend nebeneinander her, dann sprach Robert.

»Hast du etwas auf dem Herzen?«, fragte er seinen Bruder.

»Ja, habe ich«, antwortete David. »Aber ich möchte dich nicht verletzen.«

»Dann raus mit der Sprache«, schlug Robert vor. »Und ich verspreche dir, dass ich nicht verletzt sein werde.«

»Du bist schon immer zum Gottesdienst gegangen«, sagte der ältere Junge. »Aber hast du Jesus schon einmal um Vergebung deiner Sünden gebeten? Ich denke, meine Frage lautet konkret: Bist du wirklich ein Christ?«

Sein Bruder war eine Minute lang ganz still.

»Ich glaube an Gott«, sagte er schließlich, »und ich versuche so zu leben, wie die Bibel es lehrt.«

»Aber das war nicht meine Frage.«

»Na, dann – ich glaube, dass ich ein Christ bin.«

Mehr wurde nicht gesagt, denn der Rest der Familie hatte sie eingeholt.

Robert versuchte weiterhin, ein gutes Leben zu führen, während er es zugleich mit seinen Freunden genoss. Er interessierte sich so sehr für das Christentum, dass er sich für ein Studium bewarb, um Prediger zu werden.

»Wie gefällt es dir, Theologie zu studieren?«, fragte David seinen jüngeren Bruder, als ein paar Wochen seines neuen Studiengangs verflossen waren.

»Ich liebe es«, antwortete Robert. »Professor Chalmers bringt mich wirklich zum Nachdenken.«

»Inwiefern?«

»Es ist schwer, alles in Worte zu fassen«, sagte Robert. »Ich beginne zu verstehen, dass zum Christsein mehr gehört, als sich zu bemühen, ein tugendhaftes Leben zu führen. Du zum Beispiel scheinst Jesus persönlich zu kennen, anstatt nur zu glauben, dass Er existiert.«

David lächelte. »Ich kenne Ihn persönlich. Tatsächlich ist Er sowohl mein Freund als auch mein Retter.«

»Ich bin überzeugt, dass Jesus Gott ist«, dachte sein junger Bruder laut, »aber ich könnte Ihn sicherlich nicht meinen Freund nennen.«

»Ich bete, dass du es eines Tages tun wirst«, antwortete David.

»Ich weiß, dass du das tust«, nickte Robert. »Du betest schon seit Jahren für mich, und irgendwie habe ich das Gefühl, dass deine Gebete noch nicht beantwortet worden sind.«

»Lass mich dir einen Rat geben«, entgegnete der junge Mann. »Die Bibel ist Gottes Wort. Lies sie und bitte Gott, durch sie zu dir zu sprechen. Und so, wie du Menschen durch Gespräche kennenlernst, wirst du auch Gott kennenlernen, wenn Er sich dir offenbart. Deshalb bete weiter. Das ist mein Rat, Robert: Lies deine Bibel und bete ernsthaft weiter.«

»Das werde ich«, versprach sein kleiner Bruder. »Das werde ich tun.«

»Willst du wirklich nach Indien gehen?«, fragte Robert eines Tages seinen älteren Bruder, der sich langsam dem Ende seines Medizinstudiums näherte.

Willie nickte. »Ja«, antwortete er, »ich meine es absolut ernst. Ich habe es schon so lange im Sinn, dass es bereits ein Teil von mir geworden ist.«

»Ich erinnere mich, dass du schon vor Jahren davon gesprochen hast«, sagte Robert. »Aber ich kann mir einfach nicht vorstellen, dass wir eines Tages nicht mehr alle hier zusammen sind.«

»Es muss so kommen!« Willie lachte. »Wir könnten alle heiraten und an unterschiedliche Orte ziehen. So ist das Leben halt.«

»Ich weiß, aber ich kann es mir trotzdem nicht vorstellen.«

Der ältere M'Cheyne schmunzelte. »Vor Jahren hast du gesagt, du würdest mit dem Sparen beginnen, damit du mich dort besuchen könntest, wenn ich nach Indien gehen würde. Wieviel hast du denn bisher für die Reise gespart?«

Robert stand auf und steckte seine Hand tief in die Tasche. Er legte sein ganzes Geld auf den Tisch und zählte es zusammen.

»Ich habe die königliche Summe von einem Schilling, sieben Pence und drei Farthings. Und ich denke, dass ich mir damit vielleicht gerade mal eine Kutsche mieten könnte, um dich bei den Leith Docks zu verabschieden, aber mehr auch nicht!«

»Nun, du solltest besser ernsthaft anfangen zu sparen, denn ich habe mich als Arzt unter dem 54. Regiment zu dienen beworben, und wenn sie mich annehmen, werde ich im April nach Indien gehen.«

»Puh«, bemerkte Robert und pfiff durch die Zähne. »Das ist, von heute an gerechnet, weniger als ein Jahr. Aber wenigstens wird David immer noch hier sein. Anwälte aus Edinburgh sind meist ihr ganzes Leben lang Anwälte in Edinburgh. Und Eliza wird auch nicht weglaufen.«

Willie wurde für das 54. Regiment angenommen. Im April 1831 stach er in See nach Indien. Der Vorabend des Tages, an dem er abreiste, verlief im Hause der M'Cheynes ruhig und traurig.

»Indien ist so weit weg«, sagte Eliza, während sie am Kaminfeuer saßen. »Briefe brauchen Wochen, und manchmal kommen sie gar nicht an.«

»Aber diejenigen, die ankommen, sind umso interessanter«, fügte Robert hinzu. »Willie kann die Dinge so gut beschreiben, dass das Lesen seiner Briefe so sein wird, als würde man das geradezu vor sich sehen, was er in Indien sieht.«

»Geht es dir gut?«, fragte Mr. M'Cheyne seine Frau, als er ihren erschöpften Gesichtsausdruck bemerkte.

»Ja«, antwortete sie. »Mir geht es gut; mir ist nur schmerzlich bewusst, dass die Familie nie mehr dieselbe sein wird.«

»Sag das nicht«, flehte Eliza. »Das klingt so endgültig.«

»Du bist sehr still, David«, sagte sein Vater.

Der junge Mann lächelte sanft.

»Ich habe gerade darüber nachgedacht, was uns die Bibel mitteilt.«

»Was denn?«, wollte Robert wissen.

»Jesus sagt zu Seinen Nachfolgern: *›Ihr seid Meine Freunde, wenn ihr tut, was immer Ich euch gebiete.‹* Jesus ist doch ein Freund, der anhänglicher ist als ein Bruder (Spr. 18,24). Willie ist dann vielleicht weg, aber der Herr ist es nicht.«

»Danke«, antwortete Mr. M'Cheyne, »ich denke, das hat uns allen geholfen.«

Aber Robert fühlte sich nicht so, als sei ihm geholfen. In seinem Kopf wusste er zwar, dass das, was David sagte, die Wahrheit war; aber in seinem Herzen fühlte er nur eine kalte und schwere Traurigkeit.

David

4

»Hast du am Samstag Zeit, mit mir einen Spaziergang zu machen?«, fragte Robert seinen älteren Bruder, kurz nachdem Willie nach Indien abgereist war.

David lächelte. »Ja, das würde mir gefallen. Und bei dem Frühlingswetter möchte ich gerne draußen in den Bergen sein.«

»Plant nichts, was zu anstrengend ist«, schlug Mrs. M'Cheyne vor. »Diese Erkältung scheint sich auf deiner Brust festgesetzt zu haben, David, und es wird nicht besser werden, wenn du dich anstrengst.«

»Ich werde vorsichtig sein«, stimmte David zu. »Und ich bin sicher, dass Robert mich davon abhalten wird, Dummheiten zu machen.«

Robert schaute seinen Bruder an. »Kommt es mir nur so vor, oder sieht er wirklich noch dünner aus als sonst?«

Der Samstag kam, die Brüder stopften ihr Mittagspicknick in die Taschen und zogen los. »Erzähl mir von dem Wanderurlaub, den du planst«, bat Robert, während sie gingen.

David lächelte. »Nun, ich hoffe, ein wenig im Lake District klettern zu können. Das Gebirge ist wild und herausfordernd. Und die Aussicht ist großartig.

»Wenn du sie sehen kannst!«, lachte sein Bruder.

David schaute verwirrt drein. »Was meinst du damit?«

»Ich erinnerte mich gerade an die Zeit, als Malcolm und ich über die Hügel von Dunkeld nach Strathardle wanderten«, erklärte Robert. »Die Aussicht war herrlich, bis der Nebel herunterkam, und ich meine: ganz herunter. Wir konnten nicht sehen, wohin wir gingen, geschweige denn die Aussicht genießen!«

»Wie furchtbar«, entgegnete David. »Und dabei hatte Mama noch gehofft, dass du auf den Hügeln auf mich aufpassen würdest.«

Robert erinnerte sich lebhaft daran. »Wir merkten schließlich, dass es zu gefährlich war, weiterzugehen. Einer von uns hätte fallen und sich ein Bein brechen können, und der andere hätte keine Hilfe holen können. Also legten wir uns ins Heidekraut unterhalb eines großen Steines und dachten, wir sollten bis zum nächsten Morgen plaudern.«

»Und habt ihr das getan?«

»Nein«, lachte sein Bruder. »Wir fielen in einen tiefen Schlaf und wussten nichts mehr, bis der Vogelgesang uns weckte.«

Sie wanderten eine Weile schweigend weiter, aber Robert war mit seinen Gedanken noch immer in Strathardle.

»Du wirst auf den hohen Bergen vorsichtig sein?«, fragte er seinen Bruder.

Diesmal war David mit Lachen dran. »Ich werde aufpassen. Ich überlasse dir all die waghalsigen Abenteuer!«

»Lass uns eine Pause einlegen«, schlug David vor, als sie einen schnell fließenden Strom erreichten. »Ich brauche eine Pause.«

Robert setzte sich auf einen Stein und nahm sein Picknick aus seiner Tasche.

»Es ist noch nicht Mittagszeit, aber ich werde trotzdem etwas essen«, sagte er.

Eine Viertelstunde später raffte David sich auf. »Lass uns weitergehen; der Tag ist zu schön, um ihn hier zu verschwenden.«

Normalerweise wären sie direkt den Berg hinaufgeklettert und hätten dann oben gesessen und den besten Abstieg geplant. Aber da David ziemlich kurzatmig zu sein schien und zu Hustenanfällen neigte, schlenderten sie aufwärts und ruhten sich jeweils aus, wenn ihm danach zumute war. Der Abstieg ging dann schneller vonstatten.

»Da ist ein Bussard!«, raunte Robert und zeigte hoch in die Luft.

David schaute zu dem Vogel auf. »Seine Flügel bewegen sich kaum«, stellte er fest. »Er schwebt wohl über seinem Abendessen.«

Die beiden hielten inne und beobachteten den Vogel beim Schwebeflug. Dann stürzte er blitzschnell auf den Boden zu und war sofort wieder oben.

»Er hat einen jungen Hasen«, bemerkte Robert. »Und er darf ihn gern mitnehmen. Ich bevorzuge meinen Hasen im Eintopf.«

»Bist du dir sicher, dass du fit genug bist für einen Wanderurlaub?«, fragte Mr. M'Cheyne seinen Sohn. »Ich habe dich in der Nacht husten hören.«

»Das ist genau das, was ich brauche«, versicherte David ihm. »Edinburgh wird nicht ohne Grund ›Auld Reekie‹[6] genannt. Ich denke, der Rauch und die Dämpfe sorgen dafür, dass meine Erkältung nicht aufhört. Ich brauche Urlaub von

6 Deutsch: altes Rauchnest.

meiner Arbeit und etwas gute frische Luft in meinen Lungen. Mach dir keine Sorgen um mich; ich werde mit neuer Energie und etwas Farbe auf meinen Wangen zurückkommen.«

So fuhr David los zum Lake District, wo er auf Fjells[7] kletterte und an der frischen Luft Picknicks aß. Er setzte sich öfter, als er es normalerweise getan hätte, und wanderte etwas weniger. Doch obwohl er seinen Urlaub genoss, ging es ihm nicht wirklich besser, als er wieder zu Hause ankam. Er hatte zwar etwas mehr Farbe auf den Wangen, aber das war eher durch Fieber verursacht als durch gute Gesundheit.

»Ich mache mir Sorgen um David«, sagte Mrs. M'Cheyne bald darauf zu ihrem Mann. »Seine Augen haben ihr Strahlen verloren, und dieser Husten plagt ihn tagsüber und hält ihn nachts wach.«

Adam M'Cheyne nickte, aber er konnte nicht sprechen, denn in seinem Hals fühlte er einen Kloß. Wenn er David bei der Arbeit ansah, schien er nur noch ein blasser Schatten seiner selbst zu sein. Er hatte bereits einen Sohn an Indien verloren, er würde doch nicht noch einen weiteren Sohn verlieren?! Auch Eliza und Robert spürten die kalte Hand der Angst, wenn sie ihren älteren Bruder ansahen. Es gab da etwas Bedrückendes an David, das neu für sie war – etwas Bedrückendes, das Robert einen Schauer über den Rücken jagte.

»Lass David nicht sterben!«, betete er immer und immer wieder. »Bitte, lass ihn nicht sterben!«

Auf den Juni folgte der Juli, und zu diesem Zeitpunkt war allen klar, dass derjenige, den sie so sehr liebten, im Sterben lag. Die langen, hellen Nächte wurden bei ihm verbracht, wobei man ihm die Gedichte vorlas, die er liebte, und Lieder

7 Baumlose Hochflächen oberhalb der Waldgrenze.

sang, die ihn sichtlich zu trösten schienen. Als die frühen Julitage vergingen, verflog die düstere Stimmung, die über David gehangen hatte, und wurde durch eine strahlende Freude ersetzt. Es war, als ob ihn jede Angst verlassen hatte, weil ihm der Himmel realer wurde als die Erde. Ehrfürchtig staunend beobachtete Robert, wie sich sein Bruder auf den Tod vorbereitete, obwohl es ihm selbst das Herz zerriss. Am 8. Juli 1831 strahlte lauter Freude aus David M'Cheynes Gesicht, als er starb und seine Seele direkt in den Himmel einzog. Aber die Gesichter derer, die um sein Bett saßen, waren voller Trauer. In den nächsten Tagen machte Robert alles nur noch mechanisch. Er tat, was getan werden musste, ohne wirklich daran Anteil zu nehmen.

Da erinnerte er sich: »David gab mir eine Bibel. Und er bat mich, sie zu lesen. Das habe ich zwar getan, aber nicht so, wie er es getan hat. Ich sah ihn oft seine Bibel lesen oder in sein Zimmer gehen, um zu beten, wenn ich mich für das eine oder andere Vergnügen fertig machte.«

Mit solchen Gedanken strafte Robert sich selbst. Dann erinnerte er sich an Davids fröhliches Gesicht, und er verspürte die Sehnsucht, an dieser Freude teilzuhaben. Jahrelang hatte Robert sich am besten in Gedichten ausdrücken können, und genau das versuchte er auch jetzt zu tun. Aber schlussendlich wurde der letzte Vers des Gedichtes über seinen Bruder, den er verloren hatte, nie geschrieben.

»Ich bekomme Davids Gesicht nicht aus dem Sinn«, dachte er eines Nachts, als er die Uhr noch eine weitere Stunde schlagen hörte. »Obwohl er im Sterben lag, sah er glücklicher aus, als ich ihn jemals gesehen hatte. Ich würde alles dafür tun, um diese Freude zu erleben, die er empfand!«

Er wälzte sich hin und her, konnte aber immer noch nicht einschlafen.

»Ich bin zutiefst unglücklich, obwohl ich weiß, dass Davids Seele beim Herrn ist. Würde ich auch bei Jesus sein, wenn ich heute Nacht sterben müsste?«, fragte er sich. Und in seinem Herzen wusste er, dass die Antwort ein Nein war. Er hatte nicht das, was David gehabt hatte. Er war sich noch nicht einmal sicher, was das war.

Robert war 18 Jahre alt und zutiefst unglücklich.

Auf den Tag genau, ein Jahr nach Davids Tod, öffnete Robert sein Tagebuch und begann zu schreiben. »An diesem Morgen vor einem Jahr kam der erste erschütternde Schlag gegen meine Weltlichkeit. Aber nur Gott weiß, wie sehr Er das zum Guten gewendet hat.«

Adam M'Cheyne nahm die Veränderung bei seinem jüngeren Sohn wahr. »Davids gutes Vorbild und sein freudiger Tod scheinen eine große Wirkung auf Robert gehabt zu haben«, sagte er zu seiner Frau.

Und sie stimmte ihm zu. Während andere die Veränderungen in Roberts Leben sehen konnten, wusste nur Gott, was in seinem Herzen vorging. Obwohl er Tagebuch führte, ist der Tag, an dem er Gott um die Errettung seiner Seele bat, nicht aufgezeichnet. Wie viele andere wahre Christen, konnte er wahrscheinlich keinen genauen Tag nennen. Folgendes ist jedoch sicher: Obwohl Robert seine Ausbildung für den geistlichen Dienst begonnen hatte, bevor er sein Vertrauen auf Jesus setzte, war er doch zu dem Zeitpunkt, als er Pastor wurde, bereits ein wahrer Christ und hatte Anteil an der Freude, um die er David so sehr beneidet hatte.

Roberts wahrer Glaube an den Herrn änderte sein ganzes Leben und spornte ihn zum Handeln an, und schon bald begann er seinen Retter im alten Stadtteil von Edinburgh zu bezeugen.

»Jahrelang habe ich mir diese hohen Gebäude angesehen«, sagte er zu einem Freund; »aber es kam mir nie in den Sinn, hineinzugehen und die Menschen dort zu besuchen, die nicht wissen, dass Jesus gekommen ist, um Sünder zu retten.«

Er stapfte den Markt entlang und besuchte die schmalen Gassen, die von beiden Seiten abzweigten. Beim Besteigen der dunklen Treppen erinnerte er sich an das Jahr 1824 und an das große Feuer, das in der Gegend gewütet hatte. Die Armut, die er nun dort antraf, zerriss ihm das Herz.

»Dort sind Kinder, die sich zusammendrängen, um sich warm zu halten«, erzählte er seiner Mutter. »Die armen Dinger sind fast nackt.« Tränen der Betroffenheit erstickten ihm die Stimme.

Mrs. M'Cheyne schaute Robert nach, als er den Raum verließ, und machte sich Sorgen.

»Er reibt sich durch diese ganzen Besuche völlig auf«, sagte sie. »Ich werde Willie schreiben und ihn darum bitten, Robert einen Brief zu schreiben und ihm zu raten, vorsichtiger zu sein.«

Sie hob ihren Stift auf, legte ihn aber wieder hin, um ihre Tränen abzuwischen.

»Ich könnte es einfach nicht ertragen, ihn zu verlieren«, sprach sie zu sich selbst. »Ich könnte es nicht ertragen.«

Sie betrachtete das Papier und fragte sich, wie sie das, was sie sagen wollte, formulieren könnte. Während sie überlegte, begann sie mit folgenden Worten: »Schreib Robert einige gute Ratschläge. Teile ihm mit, dass er auf seine Gesundheit achtgeben soll.«

Am folgenden Samstagmorgen seufzte die Mutter tief, als sie hörte, wie ihr Sohn morgens um 5:45 Uhr das Haus verließ. »Warum muss er sich am Samstagmorgen schon so früh mit seinen Freunden treffen?!«, fragte sie sich. »Sicherlich könnten sie ihre Angelegenheiten zu einer vernünftigeren Tageszeit besprechen.«

Nicht wissend, dass die Geräusche des Aufbruchs seine Mutter geweckt hatten, ging Robert mit großen Schritten fröhlich die Queen Street entlang. »Ich liebe gerade diese frühmorgendlichen Zusammenkünfte«, dachte er sich. »Sie sind der bestmögliche Start in das Wochenende.«

Er lächelte beim Gehen. »Allerdings mögen es einige der anderen nicht ganz so gerne. Aber ich war schon immer ein Frühaufsteher; ich habe sogar einen Universitätsaufsatz über die Vorteile des sehr frühen Aufstehens geschrieben.«

Am folgenden Montag war Robert im Morgengrauen aufgestanden, doch nicht, um sich mit seinen Freunden zu treffen, sondern um zu beten.

»Das ist der Zeitpunkt, an dem ich meinem Herrn begegne«, dachte er, als er sich zum Beten hinkniete.

Dann kam ihm aus heiterem Himmel etwas in den Sinn, das sein Herz erwärmte.

»Das ist es, was David an jenem Tag auf unserem Weg zur Kirche gesagt hatte! Er teilte mir mit, dass Jesus sein Erretter und sein Freund sei, und dass er darum bete, dass es für mich eines Tages genauso sein werde. Nun, durch Gottes Gnade sind seine Gebete erhört worden, obwohl er nicht mehr hier ist, um dies zu erfahren. Ich habe einen Bruder verloren, den ich sehr geliebt habe; aber über Jesus sagt Sein Wort, dass Er der Freund ist, der anhänglicher ist als ein Bruder.«

Und während er mit dem Herrn sprach, dankte Robert M'Cheyne Ihm für alle, die im Laufe der Jahre für ihn gebetet hatten, und dafür, dass Er ihre Gebete erhört und beantwortet hatte.

»Hast du für heute deine Studien beendet?«, fragte Eliza Robert, als er eines Abends ins Wohnzimmer kam.

»Ja«, antwortete er. »Möchtest du, dass ich etwas für dich tue?«

Seine Schwester lachte. »Ja, das möchte ich. Ich sitze hier am Fenster und versuche, die Aussicht zu zeichnen; aber ich bekomme es einfach nicht richtig hin. Du bist ein viel besserer Künstler als ich; hilfst du mir bitte?«

»Hör auf zu schmeicheln!«, lachte Robert. »Lass mich mal sehen, was du gemacht hast.«

Die beiden setzten sich auf die Fensterbank, und mit nur wenigen Bleistiftstrichen rettete Robert das Bild.

»Es war deine Perspektive, die falsch war«, erklärte er. »Die Dinge in der Ferne waren einfach zu groß, und das hat die ganze Sache zunichte gemacht. Versuch mal, den Blick beim Zeichnen in die andere Richtung zu lenken.«

Eliza drehte sich um und blickte weiter in Richtung Osten; dann begann sie zu zeichnen. Robert begann ebenfalls zu zeichnen, aber nicht die Aussicht aus dem Fenster. Er zeichnete seine zeichnende Schwester. Das Abendlicht erreichte ihre Stirn, als sie sich nach vorne beugte, und warf einen Schatten auf den unteren Teil ihres Gesichts. Der junge Mann hielt seinen Bleistift schräg und schattierte vorsichtig, wobei er die hellen Hervorhebungen komplett ohne Schattierungen beließ. Dann zeichnete er den Fensterrahmen hinter ihr und vermittelte mit den sanftesten Strichen einen Eindruck von der weiter entfernten Landschaft über Lomond Hills in Fife. Weder Eliza noch ihr Bruder bemerkten, dass die Tür geöffnet wurde und ihre Mutter hereinkam.

»Was für ein reizendes Bild«, sagte sie. »Zwei Künstler bei der Arbeit; einer zeichnet die andere, wie sie am Zeichnen ist.«

»Dann weißt du ja schon, was du nun zu tun hast«, lachte Robert. »Du musst mich zeichnen, wie ich Eliza zeichne, wie sie den Ausblick aus dem Fenster zeichnet.«

Mrs. M'Cheyne lächelte. »Wenn ich das könnte, dann würde ich es tun. Aber ich kann es nicht!«

»Robert wird es dir beibringen«, sagte Eliza. »Er ist ein Experte in Sachen Perspektive!«

Ihre Mutter schüttelte den Kopf. »Von meiner Perspektive aus bin ich zu alt, um neue Kunststücke zu lernen. Aber ich würde mir gerne eure beiden Zeichnungen ansehen.«

Das Feuer brannte, der Raum war warm, und die Arbeit des Tages war getan. So entspannten sich Mrs. M'Cheyne und ihre erwachsenen Kinder und genossen ihren gemeinsamen Abend.

»Deine zuerst«, sprach sie, öffnete Elizas Zeichenmappe und arbeitete sich hindurch, bis sie zu Roberts Skizzenbuch überging.

»Mir gefällt die Art und Weise, wie du sie zusammengestellt hast«, sagte seine Mutter. »Es ist, als würde ich ein Album deines Lebens durchsehen.«

Robert zeigte ihr eine Zeichnung nach der anderen und erklärte, wo und was sie darstellten.

»Das ist das Haus in der Dublin Street«, bemerkte er und lachte. »Mir kommt es so vor, als hätte ich es erst vor Kurzem fertig bekommen – dabei war es kurz nachdem wir hierher gezogen sind, als ich erst sechs Jahre alt war!«

»Ihr seid alle in der Dublin Street geboren«, seufzte Mrs. M'Cheyne. »Willie, dann David, dann du«, sagte sie und lächelte Eliza an. »Dann war da noch die kleine Isabella, die starb, bevor du geboren wurdest, Robert. Und dann natürlich du selbst, das Baby der Familie.«

»Und was für ein Baby«, lachte seine Schwester. »In wenigen Monaten wird dein Baby ein Prediger sein!«

Beim Umblättern der Seiten stieß Robert auf einige Zeichnungen von Clarencefield.

»Das ist Tante Dickson, wie sie ihre Hühner füttert, und da sind die vier Kühe, auf die sie so stolz ist«, sagte Mrs.

M'Cheyne und lächelte beim Gedanken an ihre Schwester.

»Und das ist die ganze Familie«, flüsterte Robert leise, als er ihr ein paar Zeichnungen übergab. Sie waren alle dabei: die Eltern und alle ihre Kinder, mit Ausnahme von Isabella. Die Zeichnungen waren Profile, sogar sein Selbstportrait.

»Was ich nicht verstehe«, lachte Eliza, »ist, wie du es geschafft hast, dein eigenes Profil zu zeichnen. Wie konntest du überhaupt die Seite deines Kopfes sehen, um ihn so zu zeichnen?«

»Gute Frage«, bemerkte Robert. »Und eine, auf die ich keine gute Antwort habe!«

1835 war ein arbeitsreiches Jahr für Robert Murray M'Cheyne. Sein Universitätsstudium endete im späten Frühjahr, und die folgenden Monate waren angefüllt mit dem Vorbereiten und Halten von Predigten vor seinen Professoren und Pastoren. Schlussendlich musste er einige Prüfungen ablegen und eine Probepredigt in der Öffentlichkeit halten. Er bestand die Prüfung, und erhielt am 1. Juli 1835 sein Zeugnis.

»David hatte dafür gebetet, dass ich ein Prediger würde«, dachte Robert, während er die Straße entlang nach Clarencefield ritt.

Als er beim Haus seiner Tante ankam, huschten die Hühner vor den Pferdehufen davon, und der Lärm ließ Tante Dickson herbeieilen. Am Gesichtsausdruck ihres Neffen erkannte sie, dass alles gut verlaufen war.

»Es warten frischgebackene Scones und Haferplätzchen auf dich, Crowdie-Käse und Himbeermarmelade«, berichtete sie ihrem Gast, als er sein Pferd festband.

Robert lachte herzlich. »Hast du mir das Einsammeln der Eier überlassen?«

»Das habe ich tatsächlich! Du magst jetzt ein Prediger sein, aber du bist immer noch mein bester Eier-Sammler!«

»Es wird sonderbar sein, dich in Ruthwell predigen zu hören«, sagte Tante Dickson, als sie ihren Tee zusammen tranken. »Und auch ein echtes Privileg. Hast du noch andere Verpflichtungen zum Predigen vereinbart?»

»Ja«, antwortete Robert. »Ich spreche nächsten Samstag und Sonntag in Leith bei Edinburgh, weshalb ich nur für wenige Tage hier bleiben kann.«

»Du hast einen arbeitsreichen Start in deinen geistlichen Dienst«, kommentierte seine Tante, »und ich kann mir vorstellen, dass es so weitergehen wird.«

Nachdem er zum ersten Mal in der Kirche gepredigt hatte, die er als Kind so gut gekannt hatte, entspannte sich der junge Mann einen Tag lang, bevor er nach Hause zurückkehrte.

»Ich frage mich, wo mein Zuhause bald sein wird«, dachte er. Würde es in Perthshire sein, wo er und Malcolm sich einmal für die Nacht draußen im Nebel hingelegt hatten? Oder in Invernessshire, wo er mit David hinaufgestiegen war? Oder vielleicht in Edinburgh selbst? »Ich habe keine Ahnung, wo es sein wird«, gab er laut von sich, obwohl nur das Pferd anwesend war. »Aber Gott weiß es schon.«

Mehrere Pastoren luden Robert zum Predigen ein und baten ihn, ihr Hilfspastor zu werden; aber nur einem von ihnen konnte er eine Zusage geben.

»Mr. John Bonar hat mich gebeten, nach Larbert und Dunipace zu gehen«, erzählte er seiner Familie einen oder zwei Monate später. »Und ich denke, dass dies der Platz ist, wo ich Gott dienen kann.«

»Zeig mir auf der Karte, wo das ist«, bat Eliza, als sie eine mit Stoff hinterlegte Karte von Zentral-Schottland auf dem Esszimmertisch ausbreitete.

Robert suchte mit seinem Finger einen Weg. »Du gehst von Edinburgh aus nach Westen«, sagte er zu seiner Schwester, »nach Linlithgow, und am Linlithgow Palace vorbei, dann die gleiche Strecke ein wenig nordwestlich in Richtung Larbert.«

»Wie weit ist es von hier entfernt?«, fragte sie.

Robert nahm ein Lineal und legte es auf die Karte. »Es sind ungefähr 25 Meilen Luftlinie.«

»Schade, dass du keine Krähe bist«, neckte ihn Eliza. »Dann musst du eben das Pferd nehmen«.

Ihr Bruder grinste. »Ich kann mir keine bessere Lösung vorstellen.«

Der Prediger auf dem Pferd

5

Robert bremste sein Pferd ab und lenkte es an den Straßenrand.

»Na, Tully«, sagte er, »was hältst du von deiner neuen Heimat? Mir scheint, dass dies der ideale Ort für einen Mann mit seinem Pferd ist.«

M'Cheyne gab dem Tier scherzhaft einen Klaps auf die Seite, drückte ihm die Absätze in die Flanken, und schon waren sie wieder weg.

»Lass uns entlang des Carron-Flusses zur Kirche gehen. Wir treffen Mr. Bonar dort nicht vor 14 Uhr.«

Während sie sich ihren Weg entlang des Flussufers bahnten, wurden die Ufer an beiden Seiten immer steiler. Robert sah sich in der unbekannten Landschaft um, welche die vereinigten Pfarrgemeinden von Larbert und Dunipace umfasste, wo er ein Jahr lang dem Pastor John Bonar zur Seite stehen sollte.

»Larbert ist ganz anders als Dunipace«, dachte er, als er von einer Gemeinde zur anderen ritt. »Die meisten Menschen in Dunipace sind noch immer traditionelle Bauern, jeder mit seinem eigenen kleinen Bauernhof. Aber seit der Eröffnung der Carron-Eisenwerke Mitte des letzten Jahrhunderts ist Larbert zu einem der größten Industriegebiete Schottlands geworden.«

Robert bemerkte die Kirche erst, als er schon ganz in ihrer Nähe war, wobei sie sich hoch über ihm zu seiner Linken erhob.

»Wir hätten den Fluss früher verlassen sollen«, sagte er Tully. »Das hätte dir jetzt den steilen Aufstieg zur Kirche hinauf erspart. Keine Sorge, ich steige ab, und wir bewältigen den Aufstieg gemeinsam.«

Robert stieg ab, nahm sein Pferd beim Zügel, und sie kletterten den Hang hinauf zur Kirche. Als der junge Prediger dort ankam, befestigte er Tully an einem Baum und spazierte um den Kirchhof.

»Obwohl die Kirche und der Kirchhof noch recht neu zu sein scheinen, hat es hier schon viele Beerdigungen gegeben.« Die wenigen Grabsteine erzählten ihre eigenen Geschichten, und die vielen Holzkreuze markierten die Gräber der Armen. Es gab sogar ein kleines eisernes Denkmal zur Erinnerung an jemanden, der bei den Carron-Eisenwerken gearbeitet hatte.

»Wie viele Kinder sterben hier schon als Kleinkinder«, dachte Robert traurig. »Und ich habe einige gesehen, bei denen offenbar Mütter schon bei der Entbindung gestorben sind – und ihre Babys ebenfalls.« Er ging weiter. »Ein paar Namen verwirren mich, weil sie überhaupt nicht schottisch klingen.«

Plötzlich bemerkte Robert, dass er nicht allein war. Pastor John Bonar stand direkt hinter ihm.

»Jedes Grab erzählt eine Geschichte«, sagte Mr. Bonar. »Das eine dort zum Beispiel erinnert an die McLuckie-Kinder, die im Kindesalter gestorben sind. Es waren vier Kinder; das älteste war etwa fünf Jahre alt gewesen, als die Masern ausbrachen. Keines hat überlebt.«

»Was sagt man zu so einer Familie?«, fragte Robert.

Der Pastor schaute auf das raue Holzkreuz, während er sprach. »Ich sage ihnen, dass Jesus ihr Herzeleid versteht, weil Sein eigenes Herz hier auf der Erde oft gebrochen war. Und ich versuche, sie sanft auf den Heiland hinzuweisen, der an einem Holzkreuz gestorben ist, damit ihnen ihre Sünden vergeben werden können, wenn sie Buße tun, und ihre Seelen zu Gott kommen, wenn sie sterben. Es gibt nichts anderes, was es wert ist, gesagt zu werden, wenn der Tod mit solcher Gewalt zuschlägt.«

Mr. Bonar stand schweigend am Grab der Kinder, und sein Gehilfe wusste, dass er für die Hinterbliebenen aus der Familie betete, die so tragisch auseinandergerissen wurde.

»Also dann«, sprach John Bonar. »Lass mich dir von der Arbeit erzählen, die wir gemeinsam durchführen werden. Die Kirche hier wurde vor 15 Jahren gebaut, und die in Dunipace wurde erst letztes Jahr fertiggestellt. Diese hat 640 Sitzplätze, und die andere ist ein wenig kleiner. Gottesdienste werden in beiden Kirchen jeden Sonntag abgehalten, und wir werden sie unter uns aufteilen. Dann gibt es noch Besuchsdienste. Natürlich besuchen wir Häuser, in denen es Krankheit und Tod gibt. Aber was mir wirklich am Herzen liegt, ist, dass du auch die Menschen besuchst, die überhaupt nicht zum Gottesdienst kommen. Seit der Eröffnung der Eisenwerke sind Menschen aus ganz Schottland gekommen, um hier zu arbeiten, und andere sind sogar aus England gekommen, um Arbeit zu finden.«

»Das erklärt die englischen Namen auf dem Kirchhof«, kommentierte Robert. »Ich fragte mich schon, wie sie hier hergekommen sind.«

»Vor der Eröffnung der Eisenwerke lebten etwa 400 Menschen in dieser Gegend; jetzt sind es etwa 6 000«, sagte Mr. Bonar. »Viele von ihnen sind nie in der Kirche, und manche, die kommen, schlafen während der ganzen Predigt.«

»Es gibt hier sicherlich eine Menge Arbeit für uns beide«, dachte M'Cheyne.

»Gestern war mein erster Sonntag«, schrieb Robert seinem Vater ein paar Tage später. »Ich predigte vor einer großen Gemeinde in Larbert, und Mr. Bonar übernahm den Gottesdienst in Dunipace. Am Ende des Gottesdienstes in Larbert bat mich ein Mann, einen seiner Arbeiter zu besuchen, der im Sterben lag. Da ich dafür noch genug Zeit hatte, bevor Mr. Bonar aus Dunipace zurückkehrte, besuchte ich den alten Mann. Aber er starb, kurz bevor ich ankam. Mir wurde gesagt, er sei ein feiner Christ gewesen; deswegen konnte ich die Familie mit der sicheren Hoffnung trösten, dass der, den sie verloren hatten, nun im Himmel bei Jesus ist. Wir ritten durch die wunderschöne Herbstlandschaft zurück zum Pfarrhaus. Tullys Hufe warfen das trockene Laub in die Luft. Mr. Bonar predigte nachmittags in der Carron-Schule, und ich ging mit. Er sprach so eindrucksvoll, und jede Predigt dauerte anderthalb Stunden! Er erzählte mir, dass Arbeiter manchmal bei seinen Predigten einschlafen. Jetzt verstehe ich, warum! Es ist nicht so, dass seine Predigten langweilig wären; aber die Leute kommen müde und nicht ausgeschlafen zum Gottesdienst. Andere sind desinteressiert.«

Robert war erst wenige Wochen in seinem neuen Arbeitsbereich, als seine Schwester zu Besuch kam. Während sie in seinem Zimmer saßen und sich unterhielten, beobachtete Eliza ihren Bruder aufmerksam.

»Er sieht müde aus«, dachte sie. »Ich vermute, es liegt daran, dass er keine Frau hat, die sich um ihn kümmert; darum arbeitet er einfach die ganze Zeit.«

»Erzähl mir von den Leuten hier«, bat sie und hoffte dabei, dass Robert nicht erraten würde, was sie dachte. »Ach die lieben Leute«, seufzte Robert, als er sich in seinem Stuhl zurücklehnte. »Wo soll ich anfangen?« Eliza saß still da, während Robert seine Gedanken sammelte.

»Mr. Bonar und ich teilen uns die Arbeit in Larbert und Dunipace; aber weil die meisten Menschen in Larbert sind, gibt es dort auch die meiste Arbeit. Die Carron-Eisenwerke beschäftigen viele Hunderte von Männern und Kindern. Dann sind da noch die Bergleute von Kinnaird, die meine besondere Verantwortung und Freude sind.«

Eliza fragte, ob das daran liege, dass sie ein nettes Volk seien.

Robert schaute seine Schwester an. »Sie sind auf den ersten Blick schmutzig, rau und ungebildet. Und was das Wissen über den Herrn Jesus betrifft, so könnten sie sich ebenso gut mitten im tiefsten Dschungel befinden. Aber im Grunde genommen sind sie nett gegenüber denen, die nett zu ihnen sind. Und ich hoffe, dass meine Freundschaft ihnen gegenüber dazu führt, dass ich sie mit dem Retter der Welt bekannt machen kann, dem Herrn Jesus.«

»Erzähl mir von Mr. Bonar«, bat Eliza.

M'Cheyne lachte. »Er ist ein großartiger Mann, für den man gern arbeitet. Er muss der gewissenhafteste Pastor in Schottland sein, was den Besuchsdienst angeht.«

Sie saßen am Kaminfeuer, tranken Tee, und jeder genoss die Gesellschaft des anderen.

»Erzähl mir, wie Mr. Bonar predigt«, bat Eliza. »Ist er im Verkündigen genauso gut wie beim Besuchsdienst?«

»Er hält wirklich gute Predigten«, teilte Robert ihr mit. »Aber die meisten Leute hier wollen keine tiefgehenden Predigten hören.«

»Was ist ihr Problem?«

»Ich sage dir, worin es besteht. Auf der einen Seite haben die Menschen nicht wirklich großen Hunger nach dem lebendigen Wort Gottes. Auf der anderen Seite arbeiten sie sehr viele Stunden. Diejenigen, die auf den Bauernhöfen arbeiten, beginnen, wenn die Sonne morgens aufgeht, und hören auf, wenn sie abends untergeht. Die Männer in den Eisenwerken tun dasselbe. Im Winter sehen sie die Sonne überhaupt nicht. Sogar die Kinder arbeiten die ganze Zeit, solange es hell ist.«

Eliza sah besorgt aus.

»Ja«, versicherte ihr Robert. »Kinder arbeiten hier auch wie Sklaven. Und weil sie unterernährt sind und sich fast immer im Dunkeln aufhalten, sind sie zu klein für ihr Alter und anfällig für alle Krankheiten, welche die Gegend heimsuchen. Wenn die Masern oder Typhus das Tal befallen, hinterlassen sie viele tote Kinder. Und wenn du ihr Husten hörst, dann weißt du, dass manche von ihnen Tuberkulose haben.«

»Die armen Lämmchen«, kommentierte seine Schwester.

»Du siehst also«, fügte Robert hinzu, »die meisten unserer Leute sind so erschöpft, wenn sie in der Kirche eintreffen, dass sie ohnehin schon schläfrig sind, so dass es wenig Hoffnung gibt, dass sie etwas aus der Predigt mitnehmen.«

»Was denkst du zu tun?«

»Ich habe viel darüber nachgedacht«, antwortete M'Cheyne. »Wir müssen die Leute hier irgendwie mit dem Evangelium erreichen, obwohl es ihnen so schlecht geht. Denn das Evangelium der Gnade Gottes ist die einzige Hoffnung und die Kraftquelle für ihre müden Seelen.«

Als Eliza wieder in Edinburgh ankam, erzählte sie ihren Eltern von Larbert und Dunipace und von den armen Menschen, denen Robert diente. Doch als sie die Besorgnis in den Augen ihrer Mutter sah, als sie die Tuberkulose erwähnte, änderte die junge Dame die Stimmung, indem sie die möblierte Unterkunft ihres Bruders beschrieb. »Es ist ein großer Raum«, sagte sie, »und er ist vollgestopft mit Möbeln. Da stehen ein Bett, zwei Kommoden, drei Tische, sechs riesige Stühle und Roberts beide Koffer! Es ist ganz in Ordnung, solange man nicht versucht, von einem Ende zum anderen zu gehen; dann ist es nämlich eine Art Hindernislauf! Nur gut, dass er so sportlich ist!«

Innerhalb der ersten zwei Monate nach seiner Ankunft in Larbert hatte sich bei Robert ein rauer Husten entwickelt, der nicht weichen wollte. Der junge Hilfspastor arbeitete trotzdem weiter, bis er nicht mehr konnte. Aus Sorge, er könnte zusammenbrechen, wurde vereinbart, dass er für einige Wochen nach Edinburgh zurückkehren sollte, bis es ihm besser gehe.

Mrs. M'Cheyne ging vor dem Schlafzimmer ihres Sohnes auf und ab, während der Arzt ihn untersuchte. Sie wartete darauf, zu erfahren, was er sagen würde, wenn er herauskäme.

»Ist es Tuberkulose?«, fragte die Mutter und gab damit ihrer schlimmsten Befürchtung Ausdruck.

Der Arzt nickte. »Ja, ich fürchte, er hat die ersten Anzeichen von Tuberkulose; aber sein Lungengewebe scheint davon nicht beeinträchtigt worden zu sein. Aber er ist ein junger Mann und sehr entschlossen«, stellte der Arzt freundlich fest. »Pflegen Sie ihn einfach sorgfältig und bringen Sie ihn wieder auf die Beine.«

Während Robert im Bett lag, machte er sich tiefgehende Gedanken. »Ich habe Tuberkulose und könnte daran sterben«, urteilte er wahrheitsgetreu. »Aber was für eine günstige Gelegenheit bietet sich mir dadurch. Ich will keine Zeit verschwenden, weil ich nicht weiß, wieviel Zeit mir überhaupt noch verbleibt. Und diejenigen, die ich besuche oder denen ich predige, könnten ebenfalls sterben. Von nun an werde ich also als Sterbender den Sterbenden predigen, und wenn ich sie besuche, werde ich dasselbe tun. – In der Zwischenzeit muss ich einigen der Kranken in Larbert schreiben und ihnen mitteilen, dass ich für sie bete.«

Es klopfte leise an seiner Tür, dann trat Mrs. M'Cheyne mit einer Tasse Tee ein. »Das wirst du nicht gerade jetzt tun müssen«, sagte sie, nahm den halbfertigen Brief aus seiner Hand und ersetzte ihn durch die Teetasse.

Robert schmunzelte. »Du kannst mich nicht die ganze Zeit im Auge behalten«, neckte er seine Mutter. »Nein«, stimmte sie zu. »Aber wenn ich das nicht kann, wird es Eliza tun!«

Robert erholte sich genügend, sodass er nach Larbert zurückkehren und dort arbeiten konnte. Und als er ankam, musste er entdecken, dass er nicht als einziger krank war. Die Arbeiter, deren Lungen von den Arbeitsbedingungen her geschwächt waren, bekamen Erkältungen, die ihnen auf die Bronchien schlugen und sich zu einer Lungenentzündung entwickelten. Die Bergleute und die Kinder, die unten in der Grube arbeiteten, deren Lungen bereits schwarz waren vor Staub, waren oft die ersten, die krank wurden. Krankenbesuche und Beerdigungen nahmen einen Großteil der Zeit der Pastoren in Anspruch. Doch schließlich kam der Frühling, und die Verhältnisse begannen sich zu bessern. Tully und Robert waren in der ganzen Gegend bekannt, denn »sie waren unaufhörlich unterwegs«, sagten die Ortsansässigen. Die neugierigeren Leute beachteten die Stellen, wo Tully angebunden war, um herauszufinden, wo die Krankheit zugeschlagen hatte. Doch als das Pferd an ihrem eigenen Torpfosten angebunden wurde, stellten sie fest, dass sie nicht krank sein mussten, um Besuch vom Prediger zu bekommen. Ihre Seelen waren für Robert ein ausreichend guter Grund, sie zu besuchen.

»8. Juli 1836«, schrieb Robert in sein Tagebuch. »Heute ist es fünf Jahre her, dass David gestorben ist; er ist zwar aus seinem Leib ausgewandert, aber er ist bei dem Herrn.«

M'Cheyne lehnte sich in seinem Stuhl zurück und dachte über seinen Bruder im Himmel nach. »Die Bibel sagt, dass es im zukünftigen Reich Gottes keinen Tod mehr gibt, kein Leid, kein Weinen und keinen Schmerz«, erinnerte er sich. »Ich bin froh, dass all das nun hinter David liegt, und dass seine Seele an dem Ort ist, wo ihn dies nicht mehr antasten kann.«

Er dachte an die Besuche, die er an diesem Tag gemacht hatte, an die Schmerzen und die Krankheiten, denen er begegnet war, und an die Trauer in den Herzen der Menschen, deren Liebsten gestorben waren.

»Nur was im Himmel ist, das ist wirklich wichtig«, lächelte Robert. »Davids Seele ist nun bei allen anderen Christen, die jemals lebten und gestorben sind, und sie alle genießen die selige Ruhe in dem Herrn auf wunderbare Weise, die ich mir nicht ansatzweise vorstellen kann. Die Seelen, die in dem Herrn gestorben sind, warten nun auf die leibliche Auferstehung, die stattfinden wird, wenn der Herr Jesus wiederkommt.«

Ein Empfinden von Freude überkam den jungen Mann. »Ich frage mich, wie lange es noch dauern wird, bis ich beim Herrn bin«, dachte er. Seine kürzliche Erfahrung mit der Tuberkulose war noch sehr frisch in seinem Gedächtnis.

Bald nachdem er seine Arbeit wieder aufgenommen hatte, wurde Robert ein mietfreies Haus in Carronvale angeboten, das sich in dem Gebiet befand, in dem er die meiste Arbeit verrichtete. Mrs. M'Cheyne freute sich besonders über den Umzug, weil dies bedeutete, dass Eliza dort von Zeit zu Zeit wohnen und ihrem Bruder helfen konnte.

»Robert notierte sich die Häuser, die er besucht hatte, und die Aufnahme, die er erhielt. Seine Notizen waren so detailliert, dass wir anhand dessen die Häuser der Bergleute in Red Row besuchen konnten«, berichtete sie.

»John Hunger, Nr. 22. Er ist nicht zu Hause. Sie: eine korpulente Frau mit verständigem Gesicht. Sie sprach von ihren vier toten Kindern. Drei sind noch am Leben. Ich wies sie auf das Wort Gottes hin. Alles in allem eine ordentliche Frau. Der Ehemann kommt zur Versammlung.«

»James Rankin, Nr. 23. Er ist bei der Arbeit. Die Frau hört sich heiser an beim Sprechen, aufmerksam, verständnisvoll. Zwei lebende Kinder; drei sind schon gestorben. Ich erzählte von Jesus, wie Er ein krankes Kind heilte.«

»Alexander McLuckie, Nr. 24. Rothaariger Mann; ehrlich, fragendes Gesicht. Frau: klug. Vier Mädchen. Ich stellte den kleinen Mädchen Fragen und sprach dann mit ihnen allen über die Worte Jesu: ›*Lasst die Kinder zu Mir kommen.*‹«

»Alexander Hunter, Nr. 39. Intelligenter Mann. Ich begegnete seiner Frau in einem anderen Haus. Anständige Familie. Ein Junge und ein Mädchen; sie haben drei weitere Kinder verloren. Ich sprach davon, dass das Evangelium ein verborgener Schatz ist. Hunter schlug vor, für die Arbeiter, die unter Tage arbeiten, zu beten.«

»Witwe Hunter, Nr. 40. Böses Gesicht, aber diese alte Frau hat auch viel Ärger gehabt. Tochter gelähmt. Ich erzählte ihr von Jesus, der die verlorenen Schafe sucht. Sie sagte, sie sei dankbar für das, was ich gesagt hatte; aber ich wusste, dass sie es nicht war. Sie sagte, ich solle jederzeit wiederkommen, wenn ich wieder vorbeigehe.«

»Peter Rae, Nr. 44. Krank aussehender Mann. Sehr harte Frau. Große Familie voller spottender Mädchen. Ich sprach über die Notwendigkeit der Errettung und eines neuen Herzens. Ihre Herzen sind wie aus Eisen, kalt und hart.«

So ging der junge Prediger weiterhin von Tür zu Tür, klopfte an, sprach in jedem Haus über den Herrn Jesus und ermutigte die Menschen, doch Buße zu tun und zu glauben, bevor es zu spät sei.

Robert saß in seinem Arbeitszimmer in Carronvale und arbeitete an einer Predigt, als Eliza ihm einen Apfel brachte.

»Du benötigst alle Früchte, die du bekommen kannst, um gesund zu bleiben«, sagte sie zu ihrem Bruder, bevor sie ihn fragte, was er gerade tue.

»Ich arbeite meine Notizen für die Predigten am Sonntag aus.«

Am folgenden Sonntagmorgen steckte Robert seine Predigtnotizen in die Tasche, bevor er Tully sattelte und sich auf den Weg zum Gottesdienst in Dunipace machte. Als er dort ankam, konnte er seine Notizen nicht mehr finden.

»Die Blätter müssen mir wohl aus der Tasche gefallen sein«, befürchtete er ängstlich.

Er versuchte, sich zu entspannen und über die einzelnen Predigtpunkte nachzudenken. Weil er sich so gut vorbereitet hatte, fielen sie ihm schnell wieder ein. Und an diesem Tag erkannte Robert M'Cheyne, wie der Herr ihm beim Predigen beistand. Er wusste jetzt, dass er durch die Kraft Gottes und durch Seinen Geist mit Vollmacht predigen und viel freier sprechen konnte, wenn er gut vorbereitet war.

»Hast du von dem Jungen aus dem Dorf gehört, der von zu Hause weggelaufen ist?«, fragte Mr. Bonar seinen Gehilfen Anfang August 1836. Robert hörte die Geschichte und fühlte mit dem jungen Mann, der das Leben mehr genießen wollte, als ihm seine Eltern erlaubten. Da Robert wusste, wo der Junge verblieben war, beschloss er, ihm einen Brief zu schreiben. »Vor nicht allzu langer Zeit war ich genauso wie du«, schrieb er. »Ich fand Gefallen an den Spielen, die du magst, und las die Bücher, die du jetzt liest. In meinen Adern floss das gleiche junge Blut, das auch in deinen fließt, und ich träumte die gleichen Träume. Du hast zwar von mir als deinem Prediger gewisse Vorstellungen, aber ich bin nicht alt und grauhaarig.

In gewisser Weise bin ich genauso ein Junge wie du und liebe das Leben und das Glück genauso.« M'Cheyne lehnte sich in seinem Stuhl zurück und dachte nach, bevor er weiterschrieb.

»Ich denke nicht, dass viele Jungen so lebensfroh und sorglos sind, wie ich es schon war, bevor ich Christ wurde. Ich genoss das Leben in vollen Zügen.« Aber schon, während er diese Worte schrieb, wusste Robert, dass die Freude, die in sein Leben kam, als er begann, sein Vertrauen auf Jesus allein zu setzen, weit über all das hinausging, was er vorher gekannt hatte. Darum erzählte er dem Jungen von seinem Bruder, und wie er durch Davids Leben und Tod zu Jesus geführt wurde.

Als sich Roberts Zeit in Larbert und Dunipace ihrem Ende zuneigte, war die Gemeinde, die größtes Interesse daran zeigte, ihn als ihren Prediger und Pastor zu berufen, die Gemeinde in Dundee. Es wurden mehrere Prediger in Betracht gezogen, darunter zwei von Roberts besten Freunden. M'Cheyne schrieb seinem Vater davon. »Ich mache mir keine Sorgen darum, wie sie entscheiden werden«, sagte er. »Gott wird schon den richtigen Prediger dorthin führen. Und ich bete darum, dass die Gemeinde Andrew Bonar wählen möge, den besten Prediger, den ich kenne.«

Andrew war mit Robert an der Universität gewesen, und er war mit John Bonar aus Larbert verwandt. Die Ältesten bildeten sich ihre eigene Meinung, und sie beriefen Robert zu ihrem Prediger und Pastor. Andrew wurde zu einer Gemeinde in der Nähe von Dundee berufen, so dass sich die beiden jungen Männer ziemlich oft treffen konnten. John Bonar wusste, dass er seinen Gehilfen sehr vermissen würde, genauso wie auch die Menschen in seiner Umgebung. Er schrieb: »Robert M'Cheyne ist bei der Gemeinde sehr beliebt; sie waren hocherfreut über ihn, und je länger sie ihn kennen und je häufiger sie ihn sehen, desto mehr lieben sie ihn.« Mr.

Bonars Herz war nicht das einzige, das traurig war, als Robert und Tully zum letzten Mal aus Larbert hinausritten.

Ein neues Zuhause

6

Es war am 14. August 1836, als Robert zum ersten Mal in Dundee predigte, und die Gemeinde schien sofort gewiss zu sein, dass sie ihn als ihren Prediger haben wollten, und zwar so sehr, dass sie die anderen Kandidaten gar nicht erst einluden! In den folgenden zwei Monaten versuchte er, noch vor seinem Umzug, so viel wie möglich über jene Stadt herauszufinden.

»Dundee hat ungefähr 51 000 Einwohner«, sagte M'Cheyne zu seinem Freund Hugh. »Manche sind enorm reich, besonders diejenigen, deren Firmen Jute importieren. Du solltest ihre Villen sehen! Es ist ein Jammer, dass viele der Männer und Frauen, die für sie arbeiten, in armseligen Hütten leben müssen, weil sie so schlecht bezahlt werden. Den Zustand mancher Orte, die ich gesehen habe, kann ich kaum in Worte fassen – aber ich werde trotzdem versuchen, sie alle zu beschreiben. Die kleinen Wohnhäuser wurden einfach reihenweise lieblos hingeklotzt und halten irgendwie zusammen, wo es geht. Es ist dort so kalt, dass Lumpen in die Ritzen gestopft werden müssen, um den kalten Ostwind abzuwehren. Das Innere ihrer Behausungen ist so von Ruß geschwärzt, dass es unmöglich ist, zwischen Ruß und Schmutz zu unterscheiden. Und dann erst der Geruch! Wie diese armen Menschen das ertragen können, weiß ich wirklich nicht.«

Hugh hörte zu und stellte sich die Szene vor.

Robert lehnte sich auf seinem Stuhl zurück und versuchte, Worte zu finden, die beschreiben konnten, was es heißt, in Dundee arm zu sein.

»Ich hatte gedacht, dass die Einwohner von Larbert leiden; aber sie haben wenigstens sauberes Wasser aus dem Carron-Fluss und den umliegenden Bächen, abgesehen von ihren Brunnen. In Dundee beziehen viele ihr Trinkwasser aus Tümpeln mit Kühlwasser, das von Fabriken abgeleitet wird, oder aus Brunnen, die mit diesem schmutzigen Zeug angefüllt sind. Nicht nur das. Ihre Toilettengruben werden oft direkt neben ihrem Wasservorrat gegraben, weil das der einzige Platz ist, den sie haben. Darüber nachzudenken, was das bedeutet, ist kaum zu ertragen: dass das, was aus den Toilettengruben durchsickert, aus den Brunnen wieder heraufgezogen wird und als Trinkwasser verwendet wird! Kein Wunder, dass es so widerlich stinkt, und dass die Cholera in diesen Gebieten der Stadt mit erschreckender Regelmäßigkeit ihre tödliche Spur hinterlässt. Das Entsetzliche an der Cholera ist, dass sie die Menschen so plötzlich befällt. Ich hörte von einem Mann, der um 11 Uhr morgens krank wurde und am gleichen Tag um 14 Uhr tot war!«

»Die Cholera ist eine schreckliche Geißel«, stimmte Hugh zu. »Und sie kann ganze Familien auslöschen.«

»Und das ist nicht einmal die einzige Krankheit«, fügte sein Freund hinzu. »Es gibt auch noch Typhus, Pocken und zahllose andere Krankheiten, die mein armes Volk plagen.«

Hugh lächelte. »Er ist noch nicht einmal dort und sieht diese Leute schon als ›sein Volk‹ an. Das ist einfach typisch für Robert. Er wird sie lieben, auch wenn dies bedeutet, dass er Häuser besucht, in denen er sich wahrscheinlich selbst Krankheiten einfängt.«

Als sie aufstanden, schlug Hugh vor, dass sie einen Ausritt machen sollten. »Den Pferden könnte etwas Bewegung gut tun, und uns auch.«

Als die beiden jungen Männer am Ufer des Carron-Flusses entlangritten, signalisierte Robert seinem Gefährten, er solle anhalten.

»Hinter dieser Flussbiegung werden wir wahrscheinlich auf einen Fischreiher beim Fischfang stoßen. Zumindest ist er normalerweise um diese Tageszeit dort. Es ist großartig, das zu beobachten, und für einen Stadtmenschen wie dich eine Neuheit. Lassen wir die Pferde hier und gehen zu Fuß, damit wir ihn nicht stören.«

M'Cheyne hatte Recht. Der Reiher stand mucksmäuschenstill und stocksteif im Wasser. Er glich mehr einer Statue als einem Vogel. Minutenlang gab es keinerlei Bewegung, doch dann stach sein Schnabel blitzschnell ins Wasser und brachte einen Fisch herauf.

»Puh!« Hugh schmunzelte. »Der hatte keine Chance!«

Und der Reiher, der den Fisch mit einem Mal verschlungen hatte, stand schon wieder bereit zum Angriff.

»So viel zu den Freuden der Natur«, lachte Hugh. »Für den Fisch war es allerdings nicht sehr erfreulich.«

»Wird in Dundee viel gefischt?«, fragte Hugh, als sie zu ihren Pferden zurückgingen.

Tully wieherte beim Anblick seines Herrn; er schien immer erfreut zu sein, ihn zu sehen.

»Oh ja«, antwortete Robert. »Dort gibt es eine große Fischereiflotte, und andere kommen und gehen mit ihren Fischerbooten während der Saison. Es ist schon ein schöner Anblick, wenn die Boote einfahren und die Fischerfrauen anfangen, den Fang auszunehmen.«

»Das muss ein eiskalter Job sein«, schauderte Hugh.

»So kalt, dass sie das Gefühl in ihren Fingern verlieren und ihre Hände in Lumpen einwickeln müssen, damit sie sich nicht schneiden. Aber du solltest sie bei der Arbeit singen hören. Ich nehme an, das lenkt sie von der Kälte ab.«

»Was läuft dort noch in den Hafen ein?«

»Hauptsächlich Jute, aber es gibt noch vieles andere. Es ist ein sehr belebter Hafen.«

»Ich war noch nie in Dundee«, bemerkte Hugh. »Erzähl mir davon, während wir reiten.«

Robert und sein Freund bestiegen ihre Pferde und machten sich in Schrittgeschwindigkeit auf den Weg nach Carronvale.

»Dundee befindet sich in einer wunderbaren Umgebung«, begann Robert. »Wie du weißt, liegt es am Nordufer der Firth of Tay[8]. Von der Stadt aus blickt man über den Tay nach Fife. Es gibt eine Fähre von Dundee nach Tayport, und sie ist sehr ausgelastet.« Sie ritten für ein paar Minuten schweigend weiter.

»Es ist seltsam«, fuhr Robert fort. »Wo ich aufgewachsen bin, sah ich nördlich über die Firth of Forth[9] nach Fife, und nun werde ich in Dundee leben, wo ich südlich über die Firth of Tay nach Fife schauen kann! Ich werde scheinbar die meiste Zeit meines Lebens damit verbringen, Fife aus der einen oder anderen Richtung zu betrachten!«

»Und wie ist die Stadt selbst so?«, fragte Hugh.

»Sie ist ein ziemlich interessanter Ort«, antwortete sein Freund. »Dundee Law[10] ist die höchste Stelle, und die Aussicht von dort oben ist wunderbar.«

---

8 Ein Meeresarm an der schottischen Ostküste.

9 Ein weiterer Meeresarm an der Ostküste von Schottland.

10 Ein Wahrzeichen von Dundee.

»Und wo ist die St. Peters Kirche? Ist sie dort oben?«, fragte Hugh. »Nein, sie ist in der Nähe des Tay, an der Straße, die von Dundee westlich nach Perth führt. Die Gegend ist arm. Viele Menschen wohnen dort, die nach Dundee gekommen sind, um hier in einer Fabrik Arbeit zu suchen.«

Robert hörte auf zu sprechen und blickte in die Ferne.

»Was siehst du?«, fragte Hugh.

»Vielleicht irre ich mich«, antwortete Robert, »aber ich denke, die Jungs dort drüben sind in Schwierigkeiten.«

Die beiden jungen Männer spornten ihre Pferde mit ihren Fersen zum Galopp an und ritten in Richtung einer kleinen Gruppe von Jungen, die am Fuß einer alten Buche versammelt waren.

»Ist alles in Ordnung?«, fragte Robert, als sie ihre Pferde mit den Zügeln zum Stillstand brachten.

Die Jungen sahen einander an, dann sprach der Größte.

»Nein, Sir«, antwortete er, als er in ihm den Pastor erkannte. »Jimmy hängt im Baum fest. Wir haben nach Vogeleiern gesucht, und er kletterte zu weit den Ast entlang, und jetzt kann er sich nicht mehr umdrehen und hat Angst, rückwärts zu klettern, weil der Ast abbrechen könnte.«

Robert war pfeilschnell von seinem Pferd abgesprungen, und zur großen Überraschung der Jungen war er so schnell auf dem Baum, wie sie hätten hinaufklettern können.

»Halte durch«, rief er dem Burschen zu. »Du bist bald wieder unten.«

Während er die Äste nach ihrer Stabilität begutachtete, kletterte M'Cheyne auf den Ast unterhalb des Astes, auf dem sich Jimmy befand.

»Leg dich mit dem Bauch auf den Ast und zieh deine Beine hoch«, wies er an. »So bist du sicherer. – Und press deine Füße von beiden Seiten an den Ast!«

»Der Ast wird brechen, wenn ich mich bewege«, jammerte

der Junge.

»Ich denke nicht, wenn du dich so bewegst, wie ich es dir sage.«

Robert kletterte bis zum Jungen und zeigte ihm genau, was er tun sollte.

»So ist es richtig«, ermutigte er ihn. »Jetzt beug deine Ellenbogen und zieh deine Arme an deinen Körper. Und dann umfasse mit deinen Händen den Ast und drück dich nach hinten.«

Jimmy tat, was ihm gesagt wurde.

»Nun streck deine Beine wieder aus und halte den Ast mit deinen Füßen fest.« Nach drei weiteren Bewegungen spürte ein sehr erleichterter junger Mann, wie seine Füße den Baumstamm berührten.

»Das hast du gut gemacht!«, lobte M'Cheyne. »Aber ich denke, du solltest das Eiersammeln aufgeben. Es ist ein sehr gefährliches Hobby!«

Während Jimmy zu seinen Freunden herunterkletterte, lächelte er breit.

»Ja, Sir«, sagte er zu Robert, der sich auf den Boden schwang. »Das sollte ich am besten beherzigen.«

»Du magst ein dünner Kerl sein und blass aussehen, aber du hältst dich fit!«, lachte Hugh, als sie wieder aufbrachen.

Robert lächelte. »Ich habe das Turnen immer geliebt. Aber worüber hatten wir gesprochen, bevor wir durch dieses kleine Abenteuer unterbrochen wurden?«

»Ich denke, du wolltest mir etwas von der Gegend um eurer Kirche erzählen.«

»Oh ja, ich erinnere mich. Dundee ist in nur 14 Jahren um 20 000 Menschen gewachsen. Wenn also jeder in der Stadt zur Kirche gehen würde, dann würde eine riesige Anzahl nicht mehr hineingelangen. Es wäre nicht so, dass es nur noch

Stehplätze gäbe; es gäbe gar keinen Platz mehr. Deshalb wurde entschieden, eine weitere Kirche in Hawkhill zu bauen, wo es noch kaum Christen gab. An der Perth Road wurde Land gekauft, und die Kirche wurde gebaut. Hawkhill zieht sich vom Tay aus bergauf und ist streckenweise recht steil. Die Häuser in der Gegend sind sehr unterschiedlich, aber die meisten sind armselige Hütten. Es gibt ein oder zwei Straßen, in denen wohlhabendere Leute wohnen.«

»Ist die Kirche kunstvoll eingerichtet?«, fragte Hugh.

»Nein«, gab sein Freund zu. »Sie ist ganz schlicht. Das Gebäude liegt abseits der Straße, und das Land zwischen der Kirche und der Perth Road wird einmal der Friedhof sein. Die St. Peters Kirche selbst ist ein quadratisches Bauwerk mit zehn Rundbogenfenstern auf jeder Seite, in zwei Reihen übereinander. Es ist innen schön hell, aber überhaupt nicht kunstvoll. Dafür gab es kein Geld; aber ich brauche auch kein kunstvolles Kirchengebäude. Das kann eine echte Ablenkung sein.«

»Wo wirst du wohnen?«

Robert lächelte. »Direkt entlang der Straße vor der Kirche verläuft eine schmale Gasse steil bergab zum Tay. Sie heißt Strawberry Bank. Eliza und ich werden dort unten wohnen.«

»Was für eine schöne Adresse! Pastor Robert Murray M'Cheyne, Strawberry Bank, Dundee!«

»Das ist auch Tullys neue Adresse«, lachte Robert. »Sein Stall ist direkt gegenüber in der Gasse, wo wir wohnen werden!«

Die beiden jungen Männer waren wieder bei Roberts Unterkunft angekommen. Sie bürsteten ihre Pferde, bevor sie sie für die Nacht in den Stall brachten.

»Übrigens«, sagte M'Cheyne, »die St. Peters Kirche kann 1175 Menschen fassen. Wenn du also einmal zum Gottesdienst herkommen solltest, wird es nur noch Platz für 1174 weitere Personen geben.«

»Dann könnte es echt eng werden«, lachte Hugh.

Als für den 23-jährigen Robert die Zeit kam, nach Dundee umzuziehen, reiste er über Perth und übernachtete bei einem Freund, der nicht weit von seinem Zielort entfernt wohnte. Am folgenden Morgen stand er wie immer früh auf, las seine Bibel und betete hinsichtlich des großen Tages, der vor ihm lag. Es war der 24. November 1835, und er sollte in Kürze offiziell die Verantwortung als Prediger und Pastor über die Gemeinde übernehmen. Obwohl M'Cheyne sehr früh bei der Kirche ankam, waren schon viele Menschen vor ihm dort. Und eine kleine Schar von Kindern hatte sich versammelt, um herauszufinden, was hier vor sich ging, und um zu sehen, ob dabei etwas für sie herausspringen würde.

»Hey, Mister!«, rief ein kleiner Frechdachs namens Geordie. »Was soll der ganze Wirbel?«

Die Leute ignorierten den Jungen, als sie die Kirche betraten, doch Robert nicht. Er ging in die Hocke, bis er auf der gleichen Höhe war wie das Kind, und erklärte, dass er der neue Pastor werden soll.

»Wie wird man ein Pastor?«, fragte der kleine Bursche.

M'Cheyne lächelte. »Gott beruft treue Männer zum Predigen und Lehren in der Gemeinde.«

»Wirklich?«, fragte Geordie. »Ist das eine schwere Aufgabe?«

»Mit Gottes Hilfe ist es nicht schwer!«, lachte Robert. »Alle treuen Prediger haben es manchmal schwer, aber sie erfahren die Kraft Gottes und die Unterstützung der Gemeinde.«

»Wirst du dann in Dundee wohnen?«, fragte ein Mädchen.

»Das werde ich tatsächlich. Und wenn du hier in der Nähe wohnst, heißt das, dass ich einer deiner Nachbarn sein werde.«

Sie sah erfreut aus. »Dürfen wir dich besuchen kommen,

wenn du in die Kirche eingezogen bist?«

M'Cheyne erklärte laut lachend, dass er nicht in der Kirche wohnen würde, sondern in Strawberry Bank, direkt an der Perth Road.

»Aber jetzt müssen wir gehen«, erklärte er, »sonst kommen wir zu spät zum Gottesdienst, und das wäre kein guter Anfang!«

Robert stellte fest, dass das Gebäude überfüllt war von Menschen. Der junge Mann war zu Tränen gerührt darüber, dass der Herr ihn berufen hatte, zu solch einer Schar predigen zu dürfen.

Ein paar Tage später setzte sich Robert Murray M'Cheyne an seinen Schreibtisch, um seinen wöchentlichen Brief an seine Eltern zu schreiben. Sein Bruder Willie war aus Indien gekommen, um zu Hause Urlaub zu machen; deswegen war der Brief auch an ihn adressiert.

»Lieber Papa, liebe Mama, und lieber Willie,

Eliza und ich sind jetzt seit einer Woche hier, und wir fangen an, den Ort kennenzulernen. Wir haben uns in Strawberry Bank gut eingelebt, obwohl das Haus etwas verraucht ist. Vielleicht liegt es daran, dass Dundee wegen der ganzen Fabrikschornsteine voller Rauch ist, oder vielleicht muss der Schornstein einmal gereinigt werden. Tully hat auch eine gemütliche Unterkunft, uns direkt gegenüber. Wenn wir aus dem Haus kommen, können wir entweder einen steilen Weg zur Perth Road hinaufgehen oder einen steilen Weg zum Tay hinunter. Der Fluss ist zu Fuß nur ein paar Minuten entfernt. Tully geht lieber den Weg aufwärts, weil der Weg hinunter bei Regen rutschig sein kann. Er wird sich daran gewöhnen.«

»Wir waren beide sehr beschäftigt«, fährt er fort. »Eliza kümmert sich wunderbar um den Haushalt. Falls ich sehr lange stillsitze, wird sie mich wahrscheinlich auch noch abstauben, fürchte ich! Ich habe bereits eine Trauung durchgeführt und eine ganze Reihe von Kranken besucht. Ich hoffe, ich werde diese Woche die Ältesten näher kennenlernen. Sie sehen aus wie eine anständige Gruppe von Männern. Das müssen sie auch sein. Dundee ist eine dunkle Stadt, und damit meine ich nicht nur, dass sie verraucht ist. Man muss nur die Straße entlanggehen, um die dunkle Seite der Stadt zu sehen. Männer, die kaum genug verdienen, um ihre Familien ernähren zu können, geben auf dem Heimweg einen Großteil ihres Gehalts in den Kneipen aus. Solange ich in Dundee bin, gibt es genug Arbeit für mich. Und ich habe keinen Zweifel daran, dass Eliza genug damit zu tun hat, mich zu umsorgen.«

»Was machst du da?«, fragte Eliza eines Tages, kurz nachdem sie sich in ihrem neuen Heim eingerichtet hatten.

Robert hatte ein Blatt Papier auf seinem Schreibtisch liegen, und es schien, als würde er ein Muster darauf zeichnen. Er zeigte auf eine doppelte Linie auf dem Blatt.

»Das«, sagte er, »ist Strawberry Bank, und da ist unser Haus.«

Er verfolgte mit seinem Finger die von ihm gezogenen Linien und zeigte seiner Schwester, wo die Kirche, der Bäcker und der Metzger sei.

»Warum musst du eine Karte zeichnen?«, erkundigte sich Eliza. »Du kennst dich hier doch schon ziemlich gut aus.«

»Sieh dir das an«, sagte M'Cheyne, während er ein weiteres Blatt Papier aus seiner Schublade nahm. »Dies ist eine der schmalen Straßen, die von der Perth Road abzweigen, die ich diese Woche besucht habe. Hier siehst du, dass ich versucht habe, all die kleinen Wohnungen in den Mietshäusern einzuzeichnen. Und ich habe notiert, wer in jeder einzelnen von ihnen wohnt.«

»Ich sehe ein, dass das hilfreich ist«, antwortete die junge Frau. »Aber es wird eine Menge Arbeit sein.«

Robert nickte zustimmend und versicherte ihr, dass es sich lohnen werde.

»Angenommen, ich besuche die Familie Macleod in 10 Duncan's Land. Wenn ich das nächste Mal hinkomme, werden sie erwarten, dass ich mich an alle Familienmitglieder erinnere. Und wenn ich mich nicht erinnern kann, werden sie das Gefühl haben, dass sie mir egal seien. Oder wenn ich eine Nachricht bekomme, dass Mr. Macleod im Sterben liegt und mit mir sprechen möchte, dann kann ich nicht an alle Türen in 10 Duncan's Land klopfen, um ihn zu suchen. Also ist die beste Art, den Überblick zu behalten, wenn ich detaillierte Karten zeichne und Hinweise darauf vermerke, wer wo wohnt.«

»Das kann ich verstehen«, stimmte Eliza zu. »Und ich bin froh, dass du in Sachen Kunst schon immer gut warst. Die meisten Menschen würden bei so einem großen Projekt nicht wissen, wo sie anfangen sollten.«

Als Robert und seine Schwester an einem kalten Januarmorgen aufwachten, war Dundee wie verwandelt. Die Stadt sah nicht mehr rauchig und schwarz aus, sondern glitzerte weiß, weil sie unter einer dicken Schneedecke lag. In M'Cheyne steckte immer noch der kleine Junge, und möglicherweise wanderte er an jenem Tag weiter als nötig, einfach weil er Freude daran hatte. Es überraschte ihn auch nicht, dass Eliza ihn begleitete.

»Erinnert dich das an etwas?«, fragte er, als sie auf dem Heimweg wieder die Gasse hinunterglitten.

»Es erinnert mich an den Tag, an dem wir sehen konnten, wie schnell wir im Schnee um die Queen Street Gardens laufen konnten«, antwortete sie. »Erinnerst du dich? Wir versuchten sie zu umrunden, bevor unsere ersten Fußabdrücke wieder zugeschneit waren.«

Robert lachte. »Daran habe ich auch gerade gedacht. Aber ich denke, wir sind zu alt für eine Schneeballschlacht, oder etwa nicht?«

Während sie so tat, als sei sie schockiert, erinnerte Eliza ihren Bruder daran, dass er ein Pastor sei und kein Schuljunge!

Gerade eben flog ein Schneeball über seinen Kopf. Er verfehlte ihn, aber nur knapp. Obwohl nirgends jemand zu sehen war, hatte Robert den Eindruck, dass vielleicht sein junger Freund Geordie hinter der Mauer lauerte. Er winkte für alle Fälle.

Als sie die Tür des Pfarrhauses hinter sich schlossen, sagte Eliza zu ihrem Bruder, dass sie etwas Leckeres für ihn hätte.

»Bring mir bitte in zehn Minuten eine Schüssel mit sauberem Schnee aus dem Garten. Ich bin dann in der Küche.«

Das musste sie Robert nicht zweimal sagen. Er ging hinaus und sammelte etwas Schnee, wobei er sich kurz Zeit nahm, nach Fife hinüberzuschauen und die schneebedeckten Hügel zu bewundern.

»Jetzt setz dich hin«, sagte seine Schwester, »und schau dir dieses Rezept an. So etwas hast du noch nie probiert.«

Da es Robert kalt war, war er überglücklich, in der warmen Küche sitzen zu können.

Eliza füllte Mehl und geschlagene Eier in eine Schüssel und verrührte sie gut. Zu M'Cheynes Überraschung fügte sie dann etwas von dem Schnee hinzu und verrührte es erneut. Es wurde noch mehr Schnee hinzugegeben, dann noch ein wenig mehr, bis das Gemisch beim Schlagen dumpf klang.

»Was in aller Welt machst du da?!«, fragte er.

Grinsend sagte seine Schwester, dass er es in wenigen Minuten wissen werde. Gebannt beobachtete der junge Mann, wie sie die Masse löffelweise in die Eisenpfanne gab.

»Schneepfannkuchen!«, lachte er laut und lange. »Wer hat dir denn das bloß beigebracht?«

»Es ist ein altes Rezept aus Dundee«, scherzte Eliza. »Probier mal einen!«

Während Robert aß, tropfte Butter vom heißen Pfannkuchen herunter.

»Er ist köstlich!«, kommentierte er. »Absolut schneeartig köstlich!«

»Jetzt habe ich dich hier in meiner Küche«, sagte die zufriedene Köchin, »und ich werde dich hierbehalten, bis du dich aufgewärmt hast – und bis wir besprochen haben, wie dieses Haus möbliert werden soll.«

»Ich gebe mich geschlagen«, schmunzelte Robert. »Aber lass uns die Wohnung nicht mit riesigen Möbeln füllen. Es war gut, dass Mama Stühle und ein Bett geschickt hat, aber sie hätte doch nicht die teuersten Stühle, die sie finden konnte, und ein riesiges französisches Bett kaufen müssen, nicht wahr?«

»Sie versucht doch nur, es dir bequem zu machen«, antwortete Eliza. »Aber ich stimme dir zu. Möblieren wir es so, wie es uns gefällt. Schließlich ist es unser Zuhause.«

Auf den Gassen von Dundee

7

Im Frühjahr 1837 machte sich M'Cheyne zu Pferd auf den Weg, um sich mit seinem Freund Andrew Bonar zu treffen, der zu diesem Zeitpunkt Pastor in Perthshire war. Tully nahm den Weg bis zur Perth Road, wo sie links abbogen und die Stadt verließen.

»Hey, Pastor!«, rief eine bekannte Stimme.

Robert lächelte. »Hallo, Geordie! Wie geht's dir?«

»Mir geht's gut, aber ich habe gehört, dass in der Nähe deiner Kirche ein Fieber ausgebrochen ist.«

Ein kalter Schauer lief M'Cheyne über den Rücken, als er an das Wasser in den Hinterhöfen dachte und an das Abwasser, das nicht ablaufen konnte, weil der Boden nach fast einem Monat Regen komplett durchnässt war.

»Ich bin morgen wieder zu Hause«, sagte der Pastor zu seinem jungen Freund. »Dann kannst du zu mir kommen und mir alles erzählen. Und pass auf dich auf. Trink nicht aus dem Brunnen neben der Grube.«

»Das werde ich nicht tun, Pastor«, sagte der Junge. »Ich sammle Regenwasser und trinke das. Ich bin jedenfalls gesund und stark.«

Auf dem Weg Richtung Perth konnte Robert Geordie nicht aus dem Sinn bekommen. Der Junge mochte denken, er sei ein starker und gesunder Kerl, aber er war für seine 12 Jahre klein und furchtbar dünn. Er erinnerte M'Cheyne so sehr an den kleinen Jungen, den er in Edinburgh getroffen hatte, als der Kirchturm der Tron abgebrannt war.

»Ich frage mich, ob der arme Kerl noch lebt, und ob sein Meister ihn immer noch schlägt.«

»Wie läuft es in der Gemeinde?«, fragte Andrew Bonar, als die beiden Freunde einander begegneten. »War es wieder mal so voll wie am Abend, als du dort zu predigen begannst?« In der Gesellschaft seines Freundes lehnte sich Robert entspannt zurück und beschrieb die letzten paar Monate. »Die Kirche wurde für 1 175 Sitzplätze gebaut, und 700 Menschen zahlen Sitzplatzmiete«, sagte er. »Allerdings ist es eine seltsame Tradition, für eine Kirchenbank Miete zu zahlen!«

Andrew nickte. »In hundert Jahren werden die Leute über so etwas vermutlich schmunzeln. Aber wir bleiben vorerst dabei.«

»Die meisten dieser 700 scheinen sonntags zu erscheinen. Und dann sind da noch andere Menschen. Sie kommen nicht nur von den Straßen in der Umgebung der Kirche. Manche kommen aus anderen Teilen der Stadt. Es gibt Sonntage, an denen ich mich zwischen den Menschen hindurch, die auf den Stufen sitzen, auf die Kanzel drängeln muss, weil alle Plätze in der Kirche schon besetzt sind.«

Bonar wollte seinen Freund necken. »Das liegt vermutlich daran, dass du nie länger als 35 Minuten predigst. Die Leute kommen, um dich zu hören, damit sie früh zum Abendessen zu Hause sein können.«

Die Schamröte stieg Robert langsam ins Gesicht. Das gab ihm eine gesunde Farbe, die im starken Kontrast zu seiner normalerweise blassen Haut stand. »Ich kann mich nicht erinnern, wann ich das letzte Mal eine kurze Predigt gehalten habe«, bemerkte er. »Aber sie hören zu, obwohl ich jetzt viel länger predige als früher. Vielleicht sind sie nicht so erschöpft wie damals die Arbeiter von den Carron-Eisenwerken oder die Bergleute von Larbert.«

Er fuhr damit fort, die Neuigkeiten zu erklären, die er von Geordie erfahren hatte, als er im Begriff war, Dundee zu verlassen. Aber als Robert am nächsten Tag zurückkehrte, lächelte sein junger Informant. Geordie und Robert hatten befürchtet, dass es die Cholera sein könnte; aber es stellte sich heraus, dass es etwas weniger Ernstes war.

Kurz nachdem Robert seinen Dienst als Prediger angetreten hatte, wurde ihm ein schwarzer, seidener Talar geschenkt. Er war aus so schwerer Seide, dass es beim Gehen wie bei einem Damenkleid raschelte, was ihm unendlich peinlich war. »Ich verstehe das nicht«, sagte er zu seiner Schwester. »Warum müssen Prediger einen Talar tragen?«

Hätten seine Gemeindeglieder gehört, was er dachte, dann hätten sie ihrem Pastor widersprochen. Sie fanden, dass er in seinem Talar sehr fein aussah, und sie waren am glücklichsten, wenn er auf ihrer Kanzel stand und zu ihnen predigte. Robert hielt sich für einen ganz gewöhnlichen Prediger, doch er war einer der von Gott gesegnetsten Verkündiger in Schottland. Viele, die interessehalber gekommen waren, um ihn sprechen zu hören, wurden durch die Predigt des Wortes Gottes ermutigt oder ermahnt, andere wurden überführt, wieder andere gingen verärgert nach Hause. Das lag jedoch nicht an dem Prediger selbst, sondern daran, dass der Geist Gottes durch ihn wirkte.

Robert war erst einige Monate in Dundee, als er eingeladen wurde, Pastor einer Gemeinde in Skirling zu werden, wo die Arbeit wohl weniger schwer und die Bedingungen besser für ihn gewesen wären. Doch Robert geriet ganz und gar nicht in Versuchung umzuziehen, weil er wusste, dass Gott ihn nach Dundee berufen hatte. Mrs. M'Cheyne hatte andere Gedanken und schrieb ihrem Sohn, um ihm zu erklären, was für ein guter Ortswechsel dies wäre und wie seine Gesundheit von der frischen Landluft profitieren würde.

»Liebe Mutter«, schrieb er als Antwort auf ihren Brief, »du musst dich einfach dazu entschließen, mich auf den Gassen von Dundee sterben zu lassen, anstatt mich auf dem grünen Gras von Skirling mästen zu lassen. Vielleicht wäre ein Umzug dorthin gut für meinen gebrechlichen Körper; aber ich denke, wenn ich dorthin ziehen würde, dann würde meine Seele kränklich werden, und damit würde der wertvollste Teil von mir verkümmern.«

Robert war in Dundee, und er war davon überzeugt, dass er dort bleiben sollte.

Ein Jahr, nachdem M'Cheyne und seine Schwester in die Stadt gezogen waren, gingen sie zusammen an einem Donnerstagabend die Perth Road entlang.

»Hallo, Geordie!«, sagte Robert, als er seinen jungen Freund neben der Kirche sah. »Was machst du um diese Uhrzeit draußen?«

Der Junge zuckte mit den Schultern. »Ich wollte dich gerade das Gleiche fragen! Ich dachte, Gottesdienst sei nur sonntags, aber jetzt ist Donnerstagabend, und der Raum sieht voll aus. Tatsächlich ist hier fast jeden Abend etwas los.«

Da er wusste, dass er noch genug Zeit hatte, schlug Robert Eliza vor, dass sie schon mal hineingehen solle. Er würde in wenigen Minuten folgen.

»Es ist so«, erklärte Robert. »Die Ältesten haben beschlossen, dass sie gerne sowohl eine Gebetsstunde in der Mitte der

Woche als auch drei Sonntags-Gottesdienste haben wollten.«

»Was macht man bei einer Gebetsstunde?«, war die verblüffte Antwort.

»Wir singen, beten, lesen in der Bibel, und ich halte eine Predigt.«

»Das ist ja genau dasselbe wie bei einem Gottesdienst«, unterbrach Geordie.

»Woher willst du das wissen?«, fragte Robert freundlich. »Du bist ja so selten im Gottesdienst.«

Der Junge fuhr sich mit dem rechten nackten Fuß über die Wade seines linken Beines.

»Ich muss nicht in der Kirche sein, um dich zu hören. Ich höre von draußen zu.« Verlegen über das Eingeständnis, fragte er weiter. »Was ist also anders bei einer Gebetsstunde?«

Robert erklärte ihm, dass bei dieser Versammlung viele laut beten, nicht nur der Prediger.

»Ach so«, antwortete Geordie, während er sich in den Schatten schlich. »Du lässt also die anderen Leute deine Arbeit machen.«

Während seiner Predigt an diesem Abend fragte sich Robert, ob außer den 800 Menschen in der Kirche noch ein frierender, barfüßiger, untergewichtiger Teenager von draußen aus zuhörte. An diesem Abend bat er Gott bei seiner Stillen Zeit, dem jungen Geordie gnädig zu sein und ihn zu erretten.

»Ich kenne keinen anderen Beruf, der einen Mann von morgens bis abends so in Anspruch nimmt«, gab Eliza gereizt von sich, während sie ihrem Bruder das Mittagessen auf den Tisch stellte. »Und gib nicht mir die Schuld, wenn es heute nicht so gut schmeckt wie sonst. Ich habe es eine Stunde lang über dem kochenden Wasser warmgehalten, weil du so spät heimgekommen bist.«

Als er erkannte, dass seine sonst so ruhige Schwester sich

mehr als nur ein wenig gestresst fühlte, schlug er vor, dass sie nach dem Mittagessen miteinander einen Spaziergang machen sollten, bevor er zu seinen Nachmittagsbesuchen aufbrechen würde.

»Es tut mir leid«, sagte er, als sie sich von der Strawberry Bank in Richtung des Tay-Flusses aufmachten. »Es gibt so viel zu tun, dass ich manchmal die Zeit vergesse. Heute Morgen zum Beispiel. Ich war in meinem Arbeitszimmer und bereitete mich auf die Bibelstunde für heute Abend vor, als eine Nachricht kam, dass die alte Mrs. Baxter im Sterben liege. Sie war, abgesehen von einem Nachbarn, ganz allein, und ich hatte das Gefühl, dass ich sie nicht verlassen konnte, bevor sie gestorben war. Ich muss heute Nachmittag noch Besuche machen, und dann sind da noch die jungen Leute heute Abend.«

Eliza schwieg beschämt. Dann gestand sie schuldbewusst: »Ich wusste nicht, dass das heute Morgen passiert war. Es tut mir leid, dass ich so mürrisch war. Ich mache mir nur Sorgen um dich. Manchmal bist du unterwegs, um kranke Leute zu besuchen, obwohl sie gesünder sind als du, Robert. Du siehst so dünn und blass aus.«

Zu diesem Zeitpunkt waren sie bereits an einem Zaun am Flussufer angelangt. Robert schaute sich kurz um, um sicherzustellen, dass sie nicht beobachtet wurden, legte seine Hände auf die oberste Zaunlatte und machte einen Sprung über den Zaun auf die andere Seite.

»Ich bin vielleicht blass und mager«, entgegnete er seiner Schwester. »Aber ich kann immer noch einiges, was du nicht kannst!«

Eliza blickte auf ihr weites, bodenlanges Kleid hinunter und lachte laut.

»Wenn wir Frauen nicht so lange und weite Kleider tragen würden, würde ich mit dir mithalten!«

Als sie umkehrten und zurückgingen, sahen sie einige kleine Boote auf dem Tay und die Fähre, die nach Fife fuhr.

»Hier ist so viel los«, lächelte Eliza. »Ich denke, dass du mit deinem Arbeitseifer gut zu Dundee passt.«

An diesem Abend schrieb Robert vor dem Zubettgehen einen Brief an seinen Bruder. Willie war noch immer bei seinen Eltern in Edinburgh.

»Es waren heute Abend ungefähr 250 junge Leute in der Bibelstunde. Ich unterrichtete sie anhand der geographischen Methode, wie ich sie nenne. Ich zeichnete den See Genezareth an die Tafel und ließ die Teilnehmer dann die Bibelverse nachschlagen, in denen dieser See erwähnt wird. Wir gingen die Geschichten eine nach der anderen durch, wobei ich ihnen zeigte, wo jede davon sich wohl zugetragen hatte. Jetzt haben sie ein gedankliches Bild davon, wo Jesus jene Fischer in Seine Jüngerschaft berief, wo Er den Sturm stillte und wo Er den Besessenen heilte, der in den Gräbern hauste. Ich denke, diese Art der Unterweisung hilft ihnen, dass die Ereignisse für sie realer werden. Übrigens«, fügte er hinzu, bevor er einen Gruß und seine Unterschrift daruntersetzte, »ich lege eine Zeichnung vom See Genezareth bei, wie ich sie heute Abend benutzt habe. Lach nicht darüber. Ich gebe mein Bestes!«

Bevor M'Cheyne an diesem Abend in den Schlaf sank, versuchte er, sich das Land Israel vorzustellen. »Entspricht mein geistiges Bild von dem See Genezareth tatsächlich dem, wie er aussieht?«, fragte er sich. Als er sich auf die Seite drehte, schloss er die Augen mit dem Gedanken, dass er es wohl nie erfahren werde, weil das ein Ort sei, den er nie sehen würde. Sein Zuhause war Dundee. Seine Leute waren die Leute in Dundee. Und da bereits eine beginnende Tuberkulose festgestellt worden war, war nicht abzusehen, wie lange oder wie kurz die Zeit sein würde, die er überhaupt noch hatte, um den Leuten von Jesus zu erzählen. Jeder Gedanke an eine Auslandsreise stand außer Frage.

Neben ihrer Kirche befand sich eine Schule, die von der Gemeinde geleitet wurde. Tagsüber hatten die Kinder Unterricht, und abends gab es Unterricht für Mädchen, die in den Fabriken arbeiteten oder als Dienstmädchen in einem Anwesen beschäftigt waren. Obwohl M'Cheyne es für wichtig hielt, dass die Kinder und Jugendlichen lesen und schreiben lernten, glaubte er, dass es noch wichtiger war, dass sie vom Herrn Jesus erfuhren und gerettet würden. Er saß häufig an den Betten der Sterbenden; viele von ihnen waren junge Menschen, und nur wenige waren gläubig. Es brach ihm das Herz, wenn ein Ungläubiger starb. Obwohl er auch trauerte, wenn ein Christ starb, tröstete ihn doch die Gewissheit, dass dieser in Ewigkeit bei Jesus sein werde. Oft dachte Robert an seinen Bruder David und an den Glanz auf seinem Gesicht, als er gerade im Sterben lag. Während David sich von ihnen verabschiedet hatte, merkte man ihm die Freude an, bald beim Herrn zu sein.

»Guten Abend, Sadie«, grüßte Robert eine Jugendliche, die sich auf dem Weg zum Bibelunterricht befand. Er bemerkte die Tränen in ihren Augen und fragte: »Wie ist dein Tag verlaufen?«

Sadie rieb sich mit dem Ärmel über die Augen. »Es war furchtbar, Mr. M'Cheyne«, gab sie zu. »In der Weberei gab es einen schrecklichen Unfall.«

»Möchtest du mir davon erzählen?«, fragte er.

Sie schüttelte den Kopf und ging auf der Seite des Kirchhofes entlang. Dann stockte sie und drehte sich um. Robert hatte gewartet, falls sie ihre Meinung ändern würde. Er ging mit dem Mädchen den Hügel hinauf, und oben setzten sie sich auf die Mauer. Es war hell genug, so dass der Pastor die Tränen auf ihrem Gesicht erkennen konnte. Ihre Augen waren rot und aufgequollen vom Weinen. Sie war von der Arbeit aus direkt zum Bibelunterricht gelaufen.

»Ich arbeite mit einem Weber zusammen und stehe neben seinem Webstuhl, um zu sehen, wann Fäden reißen. Wenn einer reißt, springe ich unter den Webstuhl, ergreife die beiden losen Enden und binde sie schnell zusammen, damit er den Webstuhl nicht anhalten muss. Das Anhalten des Webstuhls verursacht Kosten, weil es den Rhythmus des Webers unterbricht und er dann Zeit braucht, um den Webstuhl wieder in Gang zu bringen.«

Robert stellte sich die Szene vor, und es war kein schönes Bild. Er wusste, dass unter den Webstühlen, an denen Mädchen wie Sadie arbeiteten, der Boden der Fabrik dick mit feinem Staub bedeckt war, der in ihre Lungen drang, ihre Augen reizte und sie zum Husten brachte. Es war so schlimm, dass die meisten Mädchen ein Stofftuch um ihr Gesicht gewickelt hatten, um ihre Nase und ihren Mund zu bedecken.

Sadie erzählte weiter. »Martha Morrison arbeitet an dem Webstuhl neben mir. Sie ist jünger als ich und nicht so flink. Marthas Fäden sind heute Morgen immer wieder gerissen. Es geschah vier oder fünf Mal, alles kurz nacheinander, und sie wurde immer langsamer. Der Weber trat sie unter dem Stuhl, um sie zur Eile anzutreiben. Martha bekam so einen Schrecken, dass sie aufsprang und ihre Haare sich im Webstuhl verfingen.«

Sadies Gesicht verzog sich, und sie kämpfte mit den Tränen. Aber sie schluckte schwer und erzählte weiter. Robert merkte, dass sie vor ihren geistigen Augen sah, was geschehen war. »Martha wurde unterhalb des Webstuhls mitgeschleift, bevor der Weber merkte, was geschah. – Als er den Webstuhl angehalten hatte …«

Das Mädchen schluchzte und konnte nicht weitersprechen.

»Wurde sie schwer verletzt?«, fragte Robert behutsam.

Sadie nickte langsam und sagte leise: »Sie hat es nicht überlebt, Mr. M'Cheyne.«

Robert wurde übel; er konnte sich nicht einmal ansatzweise vorstellen, was Sadie gefühlt haben musste, als sie das miterlebte.

»Lass uns ins Büro gehen und beten«, schlug er vor.

Am nächsten Morgen verbreitete sich die Nachricht in der Gegend wie ein Lauffeuer. Die junge Martha Morrisson war tot, und der Fabrikbesitzer suchte nach einem Mädchen, das ihren Platz einnehmen sollte. Obwohl jeder die Gefahren dieser Arbeit kannte, stand bereits eine Schlange von Müttern mit ihren Töchtern an der Webfabrik an. Sie brauchten so dringend Geld, dass sie das Risiko eingehen mussten.

»Ich kann es nicht ertragen, an dieses arme Kind zu denken«, sagte Eliza, als sie und ihr Bruder ihr Abendbrot aßen. »Und es bricht mir das Herz, dass noch vor ihrer Beerdigung ein weiteres kleines Mädchen unter ihrem Webstuhl herumkriecht.«

Robert setzte seine Teetasse ab. Der Gedanke daran schmerzte ihn ebenso sehr wie seine Schwester.

»Sind ihre Wohnverhältnisse wirklich so ärmlich, dass sechsjährige Kinder unter solch schrecklichen Umständen arbeiten müssen?«

»Ja, das sind sie. Manchmal bin ich aber eher empört als traurig«, seufzte M'Cheyne.

Eliza sah verwirrt aus. »Was meinst du damit?«

»Wenn du zu einer Uhrzeit durch die Gassen gehen würdest, zu der keine anständige Frau hinausgehen sollte, dann wüsstest du genau, was ich meine. Es gibt dort Männer, die genug Geld verdienen, um ihre Kinder vor dem Verhungern zu bewahren; aber anstatt es ihren hart arbeitenden Ehefrauen nach Hause zu bringen, deren Herzen gebrochen sind, tragen sie es in die Kneipe. Dort sitzen sie, vertrinken das Essen ihrer Kinder und landen schließlich stockbetrunken auf der Gasse. Manche von ihnen rauchen, bis sie vor lauter Husten nicht mehr sprechen können, obwohl man denken sollte, sie hätten von der verräucherten Luft in Dundee genug Dreck in ihren Lungen. Und wenn sie danach noch etwas Geld zusammenkratzen können, dann geben sie diesen Rest beim Glücksspiel aus.«

Robert schloss die Augen. Es kam nicht oft vor, dass er mit seiner Schwester so emotional über Dinge sprach, die ihn wirklich schmerzten. Aber er war mit den Gedanken ganz bei dem kleinen Kind, das gerade mit der Arbeit von Martha Morrisson begonnen hatte.

»Was können wir tun, um zu helfen?«, fragte die praktisch veranlagte Eliza.

»Wir haben bereits Sammlungen für die Armen durchgeführt«, antwortete M'Cheyne. »Und ich achte darauf, dass das Geld dorthin gelangt, wo es am meisten gebraucht wird. Aber ganz gleich, wie viel die Gemeinde gibt – die Anzahl der Menschen, die Hilfe brauchen, ist immer weitaus größer. Das Einzige, was die Situation ändern wird, ist, dass diese verzweifelten Männer zu Christus kommen. Der Herr ist der Einzige, der in dieser dunklen Stadt etwas verändern kann.«

Und der Herr hatte schon begonnen, die Dinge zu verändern. Seitdem Robert hier Prediger wurde, bekehrten sich Männer, Frauen und junge Menschen, manchmal einzeln oder zu zweit, manchmal in größerer Anzahl. Wenn er mit vor Freude leuchtenden Augen nach Hause kam, wusste seine Schwester, dass eine weitere Seele errettet worden war. Doch es lag immer eine Last auf Roberts Herzen, die ihn dazu brachte, für mehr Bekehrungen zu beten. Auch wenn jeder Besucher der Kirche Christ geworden wäre, so würde er sich immer noch nach mehr Bekehrungen gesehnt und dafür gebetet haben – nicht aus einem Drang nach Geltung oder Ehre heraus, sondern weil er den Herrn Jesus liebte und sich von ganzem Herzen danach sehnte, dass andere Ihn auch lieben würden. Das gab seinen Predigten ein Feuer, das seine Spuren in den Herzen der Menschen hinterließ. Er wurde so bekannt, dass es kaum Menschen in Dundee gab, die den Namen Robert Murray M'Cheyne nicht kannten.

»Ich sterbe irgendwann bald an Tuberkulose«, dachte er immer und immer wieder. »Und es gibt Tausende von Menschen dort draußen, die ohne Jesus verlorengehen. Ich muss so vielen wie möglich sagen, dass Jesus der einzige Weg zum Leben und zur Vergebung der Sünden ist. Und ich muss es so schnell wie möglich tun; denn ich weiß nicht, wie lange ich noch zu leben habe, und ich weiß auch nicht, wie viel Zeit ihnen noch verbleibt.«

Auf ins Abenteuer!

8

»Herzlichen Glückwunsch zum Geburtstag!«, sagte Eliza, als ihr Bruder am Morgen des 21. Mai 1838 die Esszimmertür öffnete. »Wie fühlt es sich an, ein viertel Jahrhundert alt zu sein?«

»Du solltest das wissen«, lachte Robert. »Du warst ja vor mir dran!«

»Danke für die Erinnerung«, neckte die junge Frau mit einem ironischen Unterton und überreichte ihrem Bruder ein liebevoll verpacktes Geschenk. Es war ein besonders kostbares Geschenk, worüber sich jeder Prediger gefreut hätte, was jedoch bei den meisten von ihnen Mangelware war: Es war ein Buch.

Robert freute sich wie ein Kind und dankte seiner Schwester von Herzen.

Drei Monate später zeigte M'Cheyne, dass er im Herzen tatsächlich noch ein Kind war. An einem Wochenende war er bei einer Familie zu Besuch, da er in der nahegelegenen Kirche predigte. Einer der Jungen dort war ein ziemlich aktives Kind. Robert zeigte ihm alle möglichen Turnübungen, und die beiden hatten eine Menge Spaß.

»Was du wirklich brauchst, ist eine Turnstange, an der du turnen kannst«, sagte er zu dem Jungen. »Ich sage dir genau, wie sie gebaut wird. Du brauchst zwei aufrechte Pfosten im Abstand von etwas mehr als einem Meter. Einer sollte an den Baum dort genagelt werden. Verstehst du?«

Der Junge nickte begeistert. Er verstand alles richtig; und er verstand, dass er damit viel Spaß haben könnte!

»Also«, sagte Robert, »beide Pfosten sollten eine Reihe von runden Löchern enthalten, so dass man eine Stange in beliebiger Höhe dazwischensetzen kann. Ich werde dir ein Bild davon zeichnen.«

Die beiden ließen sich unter dem Baum auf den Boden fallen, und das Bild wurde entsprechend gezeichnet. Als Robert nach Hause ging, gab es für den Jungen nichts Wichtigeres, als die Turnstange zu bauen. Bei seinem nächsten Besuch in dieser Familie war M'Cheyne sehr erfreut, dass die Turnvorrichtung genau nach seinen Vorgaben gebaut worden war.

»Ist es stark genug, um mein Gewicht auszuhalten?«, fragte er.

Man versicherte ihm, dass es ein schwererer Mann ausprobiert habe, und dass es sowohl der Mann als auch die Turnstange überlebt hätten. Robert griff mit beiden Händen danach – sie war auf einer Höhe von zwei Metern befestigt –, zog seine Knie nach oben bis zur Stange und streckte seine Beine aus, sodass sie über die Stange hinausragten. In dem Moment zerbrach einer der senkrechten Pfosten, und die Stange stürzte zu Boden. Robert lag bewusstlos auf ihr. Ein Arzt wurde herbeigerufen, aber es konnte keine ernsthafte Verletzung festgestellt werden. Zerschlagen und voller blauer Flecken blieb Robert noch ein paar Tage, bevor er sich wieder auf den Weg nach Dundee machte. Sein ursprünglicher Plan war eigentlich, mit seinem Freund Guthrie nach Hause zurückzureisen.

»Meine liebe Eliza«, schrieb er an seine Schwester. »Du wirst überrascht sein, dass ich nicht mit Mr. Guthrie gekommen bin; aber ich bin gestürzt, und es ist wohl das Beste, wenn ich noch einen weiteren Tag hier bleibe. Er wird dir erklären, was geschehen ist. Mach dir keine Sorgen um mich. Der Arzt sagt, dass ich keinen bleibenden Schaden davongetragen habe.«

Nur kurze Zeit später erlebte M'Cheyne aber etwas Ernsteres als eine Sportverletzung. Ständiger Husten und weitere Belastungen wirkten sich negativ auf sein Herz-Kreislauf-System aus. Er war oft unaussprechlich erschöpft. Eliza sorgte sich verzweifelt um ihn und bestand darauf, dass er zum Arzt gehe.

»Setzen Sie sich«, befahl der Arzt, nachdem er Robert untersucht hatte. »Hören Sie auf mich. Wenn Sie sich erholen wollen, müssen Sie sich einige Monate lang vollständig ausruhen. Und ich übernehme keine Verantwortung für die Folgen, wenn Sie meinen Rat nicht beachten.«

Was der Arzt nicht erkannte, war, dass sein Patient wusste, dass er wahrscheinlich nicht alt werden würde. Für Robert M'Cheyne war es wichtig, dass er das Werk des Herrn tat, solange er lebte. Die geistliche Fürsorge des jungen Pastors für sein Volk bedeutete ihm mehr als seine Sorge um sich selbst. Nichts, was die Leute in Dundee brauchten, war ihm zu anstrengend, und die Tür seines Hauses in der Strawberry Bank stand Tag und Nacht für jeden offen, der in Not war.

Nachdem der Arzt ein paar klare Worte gesprochen hatte, lächelte er den jungen Mann an und sagte ihm, dass er seinen Besuch nicht in Rechnung stellen werde. Anstatt zu diskutieren, wartete Robert lieber bis später, bevor er seinen Gänsefederkiel nahm, ein Gedicht zu Papier brachte und es zusammen mit dem Geld an den Arzt sandte.

In den folgenden Tagen wurde Roberts Herzproblem immer schlimmer, bis er ernsthaft erkrankte, und es wurde beschlossen, dass er mit Eliza nach Edinburgh reisen sollte, um eine Pause einzulegen. Die Ärzte in Edinburgh bestätigten den Rat, den er in Dundee erhalten hatte. Der junge Mann brauchte komplette Ruhe, und seine Familie war dort, um sicherzustellen, dass er sie auch einhielt. Von den Leuten aus seiner Gemeinde trafen Briefe ein, und wenn ihr Pastor jemals an ihrer Zuneigung ihm gegenüber gezweifelt hatte, dann müssen diese ihn sicherlich beruhigt haben. Ende Januar fühlte er sich in der Lage, an seine Gemeinde zu schreiben und ihr mitzuteilen, wie sehr er sich danach sehnte, wieder unter ihnen zu sein, aber dass er immer noch zu krank sei. Einen Monat später schrieb er ihnen erneut und erinnerte sie daran, was er sie gelehrt hatte. M'Cheynes Hingabe, die in jeder Predigt – manchmal auch durch Tränen – zum Ausdruck kam, war in jeder Zeile des Briefes zu erkennen.

Bevor er ihn beendete, hielt er einen Moment lang inne. Der Gedanke an Dundee erfüllte Roberts Herz vollständig. »Werde ich sie jemals wiedersehen?«, fragte er sich. Mit langsamer, müder Hand beendete er den Brief.

»Ist das mein endgültiger Abschied?«, fragte sich Robert. »Wenn ja, dann übergebe ich diese lieben Menschen sicher in Gottes Hände.«

Jahrelang hatte sich Robert für das jüdische Volk interessiert. Er war überzeugt, dass den Juden das gleiche Evangelium gepredigt werden muss wie auch den Heiden, und dass diese wie jene allein aus Gnade durch den Glauben an Jesus Christus gerettet werden konnten. Die Pastoren aus Schottland waren sich darin einig, geistliche und treue Männer nach Europa und Palästina zu entsenden, um Informationen über die Juden, ihre geschätzte Anzahl, ihre Lage und Kultur zu sammeln, und vor allem, ob ihnen das Evangelium der Gnade Gottes bekannt sei. Aber wer würde hingehen? Schließlich wurde vereinbart, vier Männer zu schicken: Dr. Alexander Black, Dr. Alexander Keith, Robert Woodrow und der gute Freund von M'Cheyne, Andrew Bonar.

»Meinst du, es gibt irgendeine Möglichkeit, dass Robert mit ihnen gehen kann?«, fragte ein Pastor.

»Er wäre ideal für die Aufgabe«, antwortete der andere. »Aber denkst du nicht, dass ihn das umbringen könnte?«

»Eigentlich denke ich, dass es ihm gut tun würde. Das warme Wetter und die Luftveränderung könnten ihm wieder zur Gesundheit verhelfen.«

Als es soweit war, musste sich Mr. Woodrow aus gesundheitlichen Gründen zurückziehen, und der ziemlich kranke Robert Murray M'Cheyne trat an seine Stelle!

Die Gemeinde von St. Peter war enttäuscht. Sie wollten, dass ihr Pastor wieder gesund werde und wieder bei ihnen sei. Sie vermissten es, ihn auf der Straße bei den ortsansässigen Kindern zu sehen und ihn von der Kanzel aus zu hören. Jung und Alt waren gleichermaßen enttäuscht über diese Wendung der Dinge. Aber bevor Robert zu seinem großen Abenteuer aufbrechen sollte, bekam er einen Brief der Ältesten seiner Gemeinde, der sein Herz zur Ruhe brachte. Darin wurde ihm versichert, dass sie verstanden hatten, dass Gott Arbeit für ihn hatte, und dass diese nicht auf Dundee beschränkt war.

»Möge der Gott aller Gnade der Begleiter auf deiner Reise sein«, stand am Ende des Briefes. »Möge Er deine Seele mit Seiner Liebe erfrischen. Möge Er dich sicher an deinen Bestimmungsort bringen und dich dort segnen!«

Mit dem Segen seiner Gemeinde veranlasste Robert, dass William C. Burns an seiner Stelle die Gemeinde betreuen sollte; dann begann er, seine Reise zu organisieren. Burns hatte gerade erst sein Predigerseminar beendet, und eines der letzten Dinge, die M'Cheyne vor seiner Abreise tat, bestand darin, an seinen jungen Stellvertreter zu schreiben.

»Ich hoffe, dass du unter ihnen viel mehr zum Segen bist, als ich es jemals war. Vielleicht gibt es viele Seelen, die die rettende Botschaft bis jetzt noch nicht gehört haben, und möglicherweise wird der Herr gerade dich dazu gebrauchen, ihnen das Evangelium zu predigen.«

Robert war nicht der Einzige, der Briefe schrieb. Als er am 27. März 1839 nach London aufbrach, trug er einen Brief seines Vaters in seiner Hosentasche.

»Wenn du so viele Menschen siehst und so viel redest, werden deine Beschwerden zurückkehren; kannst du die Dinge nicht etwas gelassener angehen?«

Man sollte meinen, dass Roberts Vater hätte wissen können, dass ein solcher Ratschlag bei dem 25-jährigen Robert auf taube Ohren stoßen würde.

Die Reisegefährten trafen sich einige Tage später in London, und am 9. April machten sie sich nach einem Abschiedsgottesdienst auf den Weg zur Südküste Englands und zu Roberts erster Auslandsreise.

»Lichtet den Anker!«, schrie der Steuermann, als seine ganze Besatzung und alle Passagiere an Bord waren.

Es gab ein Rasseln und ein Klirren von Metallketten, dann hievten zwei Matrosen den Anker an Deck, und das Schiff begann, sich vom Kai in Dover zu entfernen. Überall wimmelte es von Matrosen, manche kletterten den Mast hinauf, andere zogen an Seilen, hier, dort und überall.

»Es ist faszinierend, ihnen zuzuschauen«, sagte Andrew Bonar.

Robert stimmte dem zu. »Man könnte meinen, dass sich all diese Seilrollen irgendwann zu einem unlösbaren Gewirr verheddern.«

Sein Freund lachte. »Wenn das passieren würde, so würden wir alle auf dem Meeresgrund landen.«

»Schau!«, sagten beide gleichzeitig und zeigten in entgegengesetzte Richtungen. Bonar wandte sich um, folgte mit seinem Blick M'Cheynes Finger und sah die Kreidefelsen von Dover. »Sie sind sehr beeindruckend«, kommentierte Robert. »Ich frage mich, wie tief die Klippen unter dem Meeresspiegel hinabreichen. Und schau dir das Schloss dort oben an!« Er zeigte auf die Spitze der Klippe. »Keine feindliche Armee könnte Dover erreichen, ohne von diesem Aussichtspunkt aus gesehen zu werden.«

Robert drehte sich um, um herauszufinden, was sein Freund gesehen hatte, in der Erwartung, dass es sich um ein anderes Schiff handeln würde. Doch er irrte sich. Andrew hatte die französische Küste gesehen.

»Ich wusste nicht, dass man Frankreich von England aus sehen kann«, staunte Robert. »Dabei sind es bis dahin schätzungsweise nur etwa – 20 Meilen.«

»Ziemlich raue 20 Meilen«, entgegnete Andrew und verzog das Gesicht. »Ich bin kein guter Seemann.«

Der Ärmelkanal war ungestüm, und Bonars Magen war der erste, der die Auswirkungen davon zu spüren bekam. Er bedauerte es nicht, als das Schiff nach drei Stunden Seefahrt in Boulogne anlegte.

Der nächste Teil ihrer Reise führte sie durch Frankreich nach Paris, dann in südlicher Richtung nach Dijon, dann nach Marseille. Zu beiden Seiten der Strecke befanden sich Plantagen mit niedrigen, knorrigen Bäumen.

»Ich nehme an, das sind Weinreben«, kommentierte Dr. Black. »Irgendwie dachte ich immer, sie wären höher.« »Oui, Monsieur«, sagte ein französischer Mitreisender. Seine Englischkenntnisse reichten aus, um Dr. Blacks Worte zu verstehen. »Sie sind alt, sehr alt. Manche sagen, die Weinstöcke seien tausend Jahre alt, vielleicht sogar zweitausend.« Dann fragte er, wohin sie fahren würden.

»Palästina ist unser Reiseziel«, verriet Andrew.

»Ahh!«, seufzte der Franzose tief. »Dort, wo Sie hinfahren, werden Sie Weinstöcke sehen, die viel beeindruckender sind als diese.«

»In welcher Weise?«, fragte Robert.

»In Palästina können Sie vielleicht Reben sehen, die schon zur Zeit der Heiligen Schrift existierten.«

»Meinst du, er hat Recht?«, fragte Andrew, als die vier Freunde allein waren.

Dr. Keith nickte. »Ich habe gehört, dass sie eine erstaunlich lange Lebensdauer haben. Also kann es schon sein.«

Doch Weinreben hatte Robert in dieser Nacht nicht im Sinn, als er sich schlafen legte. »Ich frage mich, ob der See Genezareth genau so aussieht, wie ich ihn den jungen Leuten in Dundee beschrieben habe, oder ob ich in meinem Theologiestudium ein völlig falsches Bild davon bekommen habe.«

Aus Italien schrieb M'Cheyne an Eliza von dem Essen. »Hier gibt es die unterschiedlichsten Sorten von Fisch, Eier in verschiedenen Zubereitungsarten, dann Hammel, Rindfleisch, Huhn ... junge Erbsen und Frühkartoffeln, Orangen, Feigen, Nüsse und Früchte aller Art. Aber ich werde auch sehr glücklich sein, wenn ich nach meiner Rückkehr wieder unser einfaches Essen auf dem Teller habe! Oh, übrigens, der Palast von Genua war großartig!«

Ein weiterer Brief wurde nach Edinburgh gesandt, diesmal aus Alexandria, an Roberts Eltern.

»Ihr könnt euch nicht vorstellen, wie der Hafen dieser Stadt aussieht! Es spottet jeder Beschreibung: Jungen mit

Eseln, Männer mit Kamelen, wild aussehende Lastenträger, Griechen und Türken, alle brüllten auf Arabisch, alle waren darauf erpicht, uns und unser Gepäck zu erwischen.«

»Ich denke, wir sollten heute in die Synagoge gehen«, sagte Dr. Black.

Alle waren sich einig, dass dies eine gute Idee sei. Als sie draußen vor der Synagoge ankamen, wurden sie eine dunkle Treppe hinauf und durch einen langen, schlecht beleuchteten Flur in einen Raum geleitet.

»Es sind nur zehn Männer hier«, zählte Andrew. »Aufgrund ihrer Kleidung vermute ich, dass drei von ihnen aus Ägypten stammen, aber die anderen scheinen von woanders zu kommen.«

Als sie die Zeremonie beobachteten, fanden sie, dass die jüdischen Männer nicht sonderlich daran interessiert zu sein schienen, was vor sich ging, außer wenn sie sich ihre Gebetsschals über den Kopf zogen und leise beteten.

Robert dachte über ihre mit Quasten versehenen Gebetsschals nach. »Sie sind sehr wertvoll für die Männer«, erinnerte er sich. »Wenn ein jüdischer Junge 13 Jahre alt ist, wird er bei einer zeremoniellen Feierlichkeit, die Bar Mitzwa genannt wird, zu einem Mann ernannt. Dort wird ihm sein Gebetsschal übergeben, den er sein ganzes Leben lang benutzt, bis er darin begraben wird. Die blauen und weißen Quasten haben jeweils fünf Knoten, welche die fünf Bücher Mose symbolisieren.«

Als die Zeremonie vorbei war, sprachen die jüdischen Männer mit ihren Besuchern, öffneten den Schrein, in dem sie ihre heiligen Schriftrollen aufbewahrten, und zeigten ihnen ihre Abschriften der Thora. Die Schotten sprachen mit den Männern über den Messias, auf den sie noch warteten, und erklärten, dass Jesus der Messias ist, und dass Er bereits gekommen ist und Sein geistliches Reich aufgerichtet hat. Denn

Er hat Selbst gesagt: *»Denn siehe, das Reich Gottes ist mitten unter euch« (Lk. 17,21).*

Am folgenden Tag, dem 15. Mai 1839, bereiteten sich die Durchreisenden auf die nächste Etappe ihrer Reise vor – durch die Wüste. Noch ahnten Dr. Black, Dr. Keith, Andrew und Robert nicht, welches Abenteuer sie erwartete.

»Was für ein Ort das ist!«, schmunzelte Robert, als sie durch den Basar schlenderten. »Sie bieten alles Mögliche an – aber was brauchen wir wirklich?«

»Teppiche, auf denen man schlafen kann«, sagte Andrew. »Und jeder von uns wird eine Decke benötigen. Und wir brauchen natürlich zwei Zelte. Wir wollen ja nicht unter freiem Himmel schlafen.«

»Sonst noch etwas?«, fragte sein Freund.

Bonar lachte. »Ja, sehr viel! Und wenn du mal aufhören würdest, die Armbänder zu bewundern, die du Eliza mitbringen könntest, würdest du dich daran erinnern, dass wir einen Reiseführer und einen Koch finden müssen und außerdem Kochutensilien, Besteck und Geschirr brauchen – ganz zu schweigen von einigen Lebensmitteln!«

M'Cheyne verließ den Schmuckstand und kehrte zu seiner Arbeit zurück. Bis zum Ende des Morgens hatten sie alles, was sie brauchten, einschließlich Ibrahim und Ahmel, ihren Reiseführer und ihren Koch. Bis zum Abend hatte Ibrahim einen Plan aufgestellt und den Schotten gesagt, dass sie am nächsten Morgen früh aufstehen und abreisen müssten.

»Was ist los?«, fragte Robert verwirrt; es war noch mitten in der Nacht. Andrew saß kerzengerade da. »Es ist Ibrahim! Was meinst du, was er um diese Uhrzeit macht?«

Sie lauschten dem Lärm draußen. Es schien sich um eine

ganze Herde von Eseln zu handeln, jeder mit einem Treiber, der aus vollem Halse schrie.

»Wir müssen jetzt gehen, meine Herren! Es ist Zeit zum Aufbruch!«

Bonar schluckte schwer, rief dann freundlicher, als er es für nötig erachtete, dass es noch nicht Zeit sei zum Aufbruch, es sei noch Schlafenszeit; sie würden um 7 Uhr weiterreisen. Als die vier noch schläfrigen Schotten schließlich auftauchten, fanden sie 16 geduldig wartende Esel und ihre 16 sehr ungeduldig wartenden Treiber.

»Was für ein Anblick!«, sagte Dr. Keith, als sie Alexandria verließen. »Da sind die Esel und Treiber, Ibrahim und Ahmel, wir und zehn ägyptische Jungs, die mit unserem Gepäck neben uns herlaufen. Und ich habe gehört, dass noch zwei weitere Esel dazukommen sollen.«

Die Reise in die Wüste war für die vier Männer eine neue Erfahrung, und sie fanden sie faszinierend.

»Was ist das weiße, krustige Zeug auf dem Sand?«, fragte Robert Ibrahim.

Ihr Reiseführer hob etwas davon auf und gab es ihm.

»Dies war früher ein Salzsee«, erklärte er. »Sein Wasser ist durch die Sonne verdunstet, so dass nur Salz übriggeblieben ist.«

M'Cheyne leckte an seiner Hand. »Stimmt«, sagte er. »Das schmeckt salzig.«

Andrew Bonar war der Erste, der die Wasserfläche entdeckte. »Da drüben!«, sagte er und zeigte nach links. »Könnt ihr es nicht sehen?«

Sie sahen es. Aber obwohl es aus der Entfernung sehr real aussah, wurde ihnen versichert, dass es nur eine Fata Morgana, eine Luftspiegelung, war. Das erste richtige Wasser, das sie sahen, war der Nil, und von dort aus ging es nordwärts

Richtung Mittelmeer. Aber nicht alle ihre Reisen wurden tagsüber durchgeführt.

»Wegen der rastlosen Ungeduld unserer Reiseführer und Diener waren wir gezwungen, unsere Zelte um Mitternacht abzubrechen«, dokumentierte Andrew Bonar. »Als wir einige Stunden durch die Landschaft reisten, war es fast Vollmond und der Himmel wolkenlos. Manchmal stießen wir auf Hütten aus Palmzweigen, in denen Araber wohnten, und wurden von ihren Hunden wütend angeknurrt. Als wir am Meer angelangt waren, ritten wir an der Küste entlang, wo die Wellen häufig die Füße der Esel umspülten. Wir hatten große Mühe damit, uns am Einschlafen zu hindern, und nicht immer gelang es uns. Die Männer und Jungen, die bei uns waren, fanden es sehr amüsant, wenn wir vor uns hin dösten, einschliefen und von den Eseln herunter in den Sand fielen. Zu allem Überfluss wurden wir während unseres nächtlichen Rittes von häufigen Blitzen geweckt.«

Entdeckungsreise

9

Die vier Schotten hatten kaum Zeit, sich an das Reiten auf Eseln zu gewöhnen, als eine neue Transportart notwendig wurde. Am 24. Mai machten sie von ihren Zelten aus einen kleinen Spaziergang, und als sie zurückkamen, wurden sie von acht Kamelen erwartet! Sie beobachteten, wie die Tiere beladen wurden. Robert nahm jedes Detail in sich auf, damit er es Eliza erzählen konnte, wenn sie sich wiedersehen würden.

»Aufs Kommando hin sinkt das Tier hinunter in den Sand, die Gliedmaßen unter sich zusammengekauert. Ein Holzrahmen, dem ein Geflecht von Seilen anhängt, wird am höchsten Punkt seines Rückens befestigt. Ich denke, dies wird zur Sicherung des Gepäcks benutzt. Ein Teppich und eine Decke werden obendrauf gelegt, um einen weichen Sattel zu bilden, und der Reiter sitzt entweder rittlings oder seitlich darauf. Es gibt keine Steigbügel oder Zaumzeug, und an das Balancieren muss man sich erst einmal gewöhnen. Während dieser ganzen Aktion stöhnt das Kamel traurig und versucht manchmal zu beißen!«

Andrew Bonar sah sich die ersten Posen seines Freundes auf dem Kamel an. »Warte, bis das Kamel unten ist und sich still verhält«, wurde Robert gesagt. Er wartete. »Nun steige auf und lass es langsam aufstehen. Du wirst das Gefühl haben, dass du nach hinten fällst, wenn es sich auf seine Vorderbeine stellt, und dass du nach vorne fällst, wenn es sich aufrichtet. Balanciere dein eigenes Gewicht aus, um zu verhindern, dass du runterfällst!«

Robert stieg auf das Kamel und kämpfte um das Gleichgewicht, als das Tier sich aufrichtete.

»Keine Sorge!«, rief Ibrahim. »Keiner hat sich jemals verletzt, wenn er von einem Kamel fiel.«

Das stellte sich jedoch als unzutreffend heraus. Ein paar Tage später fiel Dr. Black von seinem Reittier, und die anderen stiegen von ihren Tieren herunter und rannten, um ihm zu helfen. Er war durch den Sturz ganz benommen. Um ihn vor der glühenden Sonne zu schützen, schlugen die Araber ein Zelt auf, besprühten es mit ihrem kostbaren Wasser und legten den armen Mann hinein, damit er sich ausruhen und erholen konnte. Alle waren froh, dass der nächste Tag ein Sonntag war – ein Tag des Herrn.

Dreizehn Tage, nachdem sie Alexandria verlassen hatten, wachten die Männer früh auf und waren ganz begeistert von dem, was ihnen der neue Tag bringen würde. Um vier Uhr morgens stiegen sie auf die Tiere und reisten zunächst im Mondschein. Um fünf hatten sie den höchsten Punkt des Tales erreicht und begannen, einen Gebirgspass zu erklimmen. Die Sonne ging auf und erhitzte die Luft, sodass die Wildblumen herrlich dufteten. Als sie die Passhöhe erreichten, war es hell, und sie ruhten sich aus, um die Aussicht in beide Richtungen zu genießen.

»Was wächst in dieser Plantage?«, fragte Robert, als sie sich auf der anderen Seite den Weg nach unten suchten.

»Das sind Olivenbäume«, antwortete Ibrahim. »Das hier

ist ein guter Standort für Oliven. Das nächste Dorf, in das wir kommen, heißt Karieh, und es ist berühmt für seine Oliven. Granatäpfel und Feigen wachsen dort auch. Sie blühen zu dieser Jahreszeit.«

Als sie Karieh erreichten, konnten die Schotten die Schönheit der Umgebung kaum fassen. Die Blüten der Bäume sahen wie Seifenblasen aus, und zwischen den Bäumen grasten seidig glänzende, schwarzhaarige Ziegen. Die Reisenden gingen durch das Dorf und das Tal hinunter, bevor sie wieder mit dem Aufstieg begannen.

»Jeder Gebirgspass bringt uns ein Stück näher nach Jerusalem«, sagte Andrew zu seinem Freund. »Aber es scheint noch viele davon zu geben!«

Sieben Stunden nach dem Aufbruch näherten sie sich endlich dem letzten Gipfel. Robert rutschte von seinem Kamel.

»Wohin gehst du?«, fragte Dr. Black.

M'Cheyne grinste. »Dieses Lebewesen kann nur drei Meilen pro Stunde zurücklegen, und ich kann schneller laufen. Ich bin auf dem Weg, um Jerusalem zu sehen!«

Dr. Black lachte und erinnerte sich daran, wie es war, als er 25 Jahre alt war.

Robert rannte seinen Mitreisenden voraus, erreichte den Gipfel und stand fasziniert da.

»Ich kann Jerusalem sehen«, flüsterte er.

Die Kamelkarawane hielt an, und die anderen Reisenden stiegen ab. Schweigend standen sie beieinander und schauten in die weite Entfernung. Jeder war in seine eigenen Gedanken versunken.

»Jerusalem! – Endlich sind wir da«, freute sich Dr. Black.

Kurz darauf brachen sie wieder auf, um sich der Stadt zu nähern, über die sie schon so oft nachgedacht und nie erwartet hatten, sie in Wirklichkeit zu sehen.

Andrew Bonar hielt ihre ersten Eindrücke fest.

»Wir fanden keine Worte, um unsere Gefühle zu dieser Stunde auszudrücken. Fast schweigend bewegten wir uns vorwärts. Während wir den Fußweg unmittelbar unter der westlichen Stadtmauer entlanggingen und in das Jaffa-Tor eintraten, konnten wir die Worte der Bibel verstehen und machten sie zu unseren eigenen: ›*Ist das die Stadt, von der man sagte, sie sei der Schönheit Vollendung, die Wonne der ganzen Erde?*‹ *(Kla. 2,15)*. Ihre dunklen Mauern und der Blick auf die engen Gassen mit niedrigen, schlecht gebauten Häusern und armen Leuten ließen nichts von der Pracht früherer Zeiten vermuten.«

Sicher mussten sie unvermittelt daran denken, dass die Zerstörung Jerusalems und des Tempels bereits zuvor von den Propheten vorausgesagt und dann auch von Jesus angekündigt wurde. Diese Stadt war nur eine Vorschattung auf ein größeres Jerusalem, welches das erlöste Volk Gottes erwartet – das ewige Reich Gottes.

Die Erkundung der Stadt Jerusalem sollte für die Schotten ein unvergessliches Erlebnis bleiben. Sie sahen den Ölberg und erinnerten sich daran, wie Jesus im Garten am Fuße des Berges einst leiden musste und nur wenig später nach Golgatha ging, um gekreuzigt zu werden.

Die Menschen waren interessiert und fasziniert von den seltsamen Fremden. Der britische Konsul stellte den Pastoren Mr. Nicolayson vor, einen Missionar, der ihnen die Informationen geben konnte, die sie brauchten.

»Es leben etwa 10 000 Juden in der Stadt«, wurde ihnen erzählt. »Die meisten von ihnen kommen aus Mitteleuropa und Spanien. Sie sind in der Regel sehr religiös, ›*… aber nicht nach der rechten Erkenntnis*‹, wie Paulus es ausgedrückt hat (Röm. 10,2). Viele von ihnen wurden in der Vergangenheit so schlecht behandelt, dass sie Angst vor Missionaren haben, und manche hassen sogar das Evangelium von Jesus Christus, das wir predigen.«

Robert hörte traurig zu. Er wusste, dass manche Menschen das jüdische Volk als »Christusmörder« bezeichnet hatten, was ihn furchtbar traurig machte. »Verstehen sie denn nicht, dass es Gottes Plan war?«, fragte er sich. »In Jesaja 53 lesen wir doch, dass es dem HERRN gefiel, Seinen Sohn zu zerschlagen; Er ließ Ihn für die Sünden Seines Volkes leiden. Christus ist für meine Sünden gestorben – nach Gottes Plan, aufgrund Seiner Liebe und Gnade!«

Fünf Stunden lang sprach Mr. Nicolayson mit den Männern, die vieles aufschrieben von dem, was er sagte, und davon, was sie um sich herum sahen. Der Höhepunkt ihrer Zeit dort war, als sie der Missionar in einen Obersaal mitnahm. Möglicherweise ähnelte er dem Raum, in dem Jesus mit Seinen Jüngern das letzte Abendmahl einnahm. Nun folgten die Männer dem Beispiel ihres Herrn und hielten einen schlichten Abendmahls-Gottesdienst. Bevor sie die Stadt verließen, machten sie sich noch einige Notizen.

»Ich denke, wir müssen vier Dinge über die jüdische Bevölkerung in Jerusalem berichten«, sagte Dr. Black. »Erstens: Sie sind extrem abergläubisch. Zweitens: Missionare hätten nur wenige Berührungspunkte mit den Juden, und jegliche missionarische Aktivität müsste auf einer Eins-zu-eins-Basis erfolgen. Drittens: Es wird hier als eine furchtbare Katastrophe angesehen, wenn ein Jude gläubig wird an Jesus. Viertens: Die jüdischen Menschen in diesem Land sind von dem Geld abhängig, das von ihren jüdischen Verwandten und Freunden aus Europa kommt. Und wenn hier irgendjemand ein Interesse am christlichen Glauben zeigt, wird ihm sofort der Geldhahn zugedreht.«

Andrew nickte. »Ich denke, das fasst die Situation exakt zusammen.«

Die Tatsache, dass M'Cheyne die meisten Tage stundenlang unterwegs war, hielt ihn nicht davon ab, Briefe zu schreiben. Seine Familie und seine Freunde bekamen stets Neues von seinen Reisen zu hören.

»Seitdem ich dir das letzte Mal geschrieben habe«, erzählte er einem Freund, »haben wir nie in Betten geschlafen. Wir breiten unsere Matten auf dem Sand aus, und Gott wacht über uns, wenn wir unter der Abdeckung unserer instabilen Zelte liegen. Wir hören nachts oft das Heulen der Wölfe, und es gibt viele Luchse und Hyänen in diesem Gebirge. Aber Gott beschützt uns. Die brennende Hitze der Wüste, die langen, ermüdenden Reisen – manchmal 12 bis 14 Stunden pro Tag auf einem Kamel –, der unstillbare Durst und unsere Schwäche sind sehr anstrengend.«

Die Reisegruppe fuhr mit dem Schiff nach Beirut; doch als sie dort ankamen, fühlte sich Dr. Keith sehr unwohl, und es wurde beschlossen, dass er und Dr. Black vorzeitig nach Schottland zurückkehren sollten.

»In Beirut wohnt ein bekehrter Jude«, wurde Andrew und Robert berichtet. »Würdet ihr ihn gerne kennenlernen?«

Natürlich wollten sie das!

Erasmus war genau der Mann, den sie brauchten. Er war nicht nur ein Christ, sondern kannte auch die Situation in Palästina wie seine Westentasche, und er sprach Arabisch, Polnisch, Deutsch und Englisch genauso gut wie Hebräisch!

»Soll ich euch auf eurer Reise begleiten?«, fragte Erasmus die beiden Freunde.

Bonar und M'Cheyne nahmen dieses freundliche Angebot erfreut an, da sie es als ein Geschenk Gottes betrachteten. Einer der ersten Orte, den sie besuchten, war der See Genezareth, und Robert war sehr erfreut, als er entdeckte, dass er seinen Schülern im Bibelunterricht keinen Unsinn beigebracht hatte!

Was zuvor eine wundervolle Reise gewesen war, verwandelte sich für Andrew in einen Alptraum, als sein Freund an Bord eines Schiffes zwischen Zypern und Smyrna krank wurde, und zwar so krank, dass er das Bewusstsein verlor. Als Robert wieder zu sich kam, ging es ihm so schlecht, dass er sicher war, er würde sterben. Aber durch die sorgfältige Pflege in Smyrna gewann er wieder Kraft genug, um weiterzureisen. In einer Zeit, in der das Reisen alles andere als einfach war, gingen die Männer von Smyrna aus durch den Bosporus und über das Schwarze Meer Richtung Donau.

»Wir werden versuchen, alle jüdischen Gegenden zu besuchen, die auf dem Weg nach Hause liegen«, erklärte Bonar einem älteren Engländer, dem sie unterwegs begegneten.

»Reisen Sie auf direktem Weg?«, fragte der Mann. Andrew schmunzelte. »Nicht wirklich«, gab er zu, »wir hoffen, dass wir über Moldawien, Rumänien, dann Österreich und das preußische Polen reisen werden.«

»Wie lange wird das dauern?«

»Wir haben noch zweieinhalb Monate Zeit, um nach Schottland zurückzukehren.«

»Ich sehe, dass sich Ihr Freund überall, wo er hingeht, Notizen macht«, bemerkte der Mann. »Er ist ein fleißiger Bursche.«

Andrew lächelte. »Das ist wahr«, stimmte er zu. »Aber er arbeitet dabei nicht immer.«

Der Engländer hob verblüfft die Augenbrauen.

»Robert!«, rief Andrew. »Würdest du diesem Herrn bitte einige deiner Zeichnungen zeigen?«

In der darauffolgenden halben Stunde blätterte M'Cheyne durch sein Skizzenbuch, in welchem er ein Bild nach dem anderen zeigte, das er von den Orten, die sie besucht hatten, gezeichnet hatte. Darunter waren Zeichnungen von Jerusalem, dem Ölberg und dem See Genezareth. Und natürlich gab es auch Zeichnungen von Kamelen. Allein beim Anblick dieser letzteren Zeichnungen bekam Andrew ein flaues Gefühl im Magen. Während sie sich durch das Skizzenbuch arbeiteten, flocht Robert biblische Geschichten in die Bilder mit ein, so dass sein neuer Freund gar nicht merkte, dass er eine »Predigt« hörte! Erst als sie ihre künstlerische Rundreise beendet hatten, kam ihm langsam der Gedanke.

»Sie müssen ein überzeugender Prediger des Evangeliums sein«, sagte der Engländer. »Sie bringen mich fast dazu, dass ich all dem glauben möchte.«

M'Cheyne schaute sehr ernst drein. »Es geht um Leben und Tod, wissen Sie. Wenn der Tag des Jüngsten Gerichts anbricht, lässt sich Gott nicht von denen beeindrucken, die sagen, sie hätten Jesus nicht vertraut, weil sie das Evangelium einfach nicht verstanden hätten.«

Der ältere Herr erhob sich, um den Raum zu verlassen. »Das ist ein sehr ernüchternder Gedanke«, sagte er, bevor er die Tür hinter sich schloss.

Andrew Bonar und Robert Murray M'Cheyne waren nicht nur am Besuch von Synagogen interessiert. Wenn sich ihnen die Gelegenheit bot, gingen sie auch in Schulen. Einmal wurden sie von den Schülern freundlicher aufgenommen als von ihrem Lehrer.

»Als wir den Klassenraum einer Schule betraten«, erzählte Robert jemandem, den er später traf, »war der Lehrer gerade dabei, einem Jungen eine Bastonade zu verabreichen. Die anderen Jungen riefen uns zu, wir sollten ihrem Freund helfen. Bei einer Bastonade muss sich der Übeltäter mit dem Gesicht nach unten auf den Boden legen und seine Füße werden mit einem Seil an einem Stock festgebunden. Dann wird ihm mit einer Peitsche aus Rindsleder auf die Fußsohlen geschlagen! Als der Lehrer uns sah, befreite er den Jungen. Ich bin froh, dass wir rechtzeitig ankamen, und ich bin mir ganz sicher, dass der Junge sich genauso freute.«

In Moldawien schrieben die reisenden Männer einen Bericht für die Pastoren in Schottland.

1. In den Städten von Moldawien und der Walachei gibt es zwischen 25 000 und 31 000 Juden.
2. Die Juden hier scheinen aufgeschlossener zu sein als in Jerusalem.
3. Missionare stoßen hier möglicherweise nicht auf allzu großen Widerstand.
4. Weil Juden hier Arbeit haben, sind sie von keiner Unterstützung abhängig, deren Verlust sie in die Armut treiben würde, wenn sie Interesse an Jesus zeigen.
5. Diejenigen, die hier an Jesus Christus gläubig werden, könnten die Frohe Botschaft zu ihren jüdischen Landsleuten bringen, an Orte, wo Missionare nicht willkommen wären.

Ein Brief, den Robert von Polen aus schrieb, muss zu Hause in Schottland eine gewisse Besorgnis erregt haben.

»Ich entkam nur knapp zwei bösartigen Männern. Sie gaben mir mit Zeichensprache zu verstehen, dass ich mit ihnen gehen sollte. Ich weigerte mich. Dann wollten sie mich dazu zwingen, mitzugehen. Ich bestand darauf, es nicht zu tun. Ich blieb dabei standhaft. Sie wollten nicht aufgeben und versperrten mir den Weg! Ich schob sie zur Seite und rannte weg. Obwohl ich ihnen hätte entkommen können, wollte ich mein Herz nicht zu sehr belasten. Also blieb ich stehen und wollte mich mit meinem Gehstock verteidigen. Aber da ich mich nicht dazu überwinden konnte, sie damit zu schlagen, endete es in einem Ringkampf, bei dem mein Mantel von oben bis unten zerrissen wurde. Ich war so erschöpft, dass ich nichts anderes mehr tun konnte, als auf dem Boden liegen zu bleiben. Ich weiß nicht, was sie sich dabei gedacht haben, denn sie drehten sich einfach um und gingen! Ich hörte später, dass sie mich wahrscheinlich ausrauben wollten. Es war Gott, der mich an diesem Tag beschützt hat. Ich habe Ihm so viel zu verdanken!«

Doch Polen hatte mehr zu bieten als bösartige Männer. Dieses Land besaß die größte jüdische Bevölkerung von Europa. Die Reisenden wurden sogar irrtümlich selbst für Juden gehalten!

»Sie müssen sich bei dem Polizeikommissariat melden«, wurde Robert und Andrew am frühen Morgen des 4. Oktober befohlen.

Verwundert darüber, was wohl der Grund dafür sei, gingen sie zur Polizeistation. »Warum reisen Sie als Juden unter falschem Pass?«, fragte der Polizist schroff, als er ihnen ihre Ausweise abnahm.

Die Männer erklärten, dass sie keine Juden seien und dass ihre Pässe in Ordnung seien. Der Polizist legte einen Brief vor, aus dem hervorging, dass M'Cheyne und Bonar die Zeremonien in den Synagogen besucht hatten! Es brauchte eine Weile, um ihn davon zu überzeugen, dass sie schottische Prediger des Wortes Gottes seien, und dass die jüdischen Dinge, die sie bei sich trugen, Erinnerungsstücke an ihre Reisen waren. Schließlich erhielten sie ihre Pässe zurück und durften wieder gehen.

Später unterhielten sich Robert und Andrew bis tief in die Nacht hinein. Ihr Thema war Antisemitismus, der Hass auf die Juden. »Ich vermute, dass es seit dem Tag, an dem unser Herr Jesus gekreuzigt wurde, Menschen gab und gibt, die das jüdische Volk gehasst haben und hassen«, sagte Andrew, wobei er ein Gähnen unterdrückte. Es war Zeit zum Schlafengehen, aber sie hatten den Zeitpunkt erreicht, an dem es weniger Mühe macht, weiterzureden, als sich den Schlafanzug anzuziehen.

Robert schüttelte den Kopf. »Es geht noch weiter zurück. Wenn du das Alte Testament liest, siehst du, wie sie schon Hunderte von Jahren vor der Geburt des Herrn von den Völkern gehasst wurden – wenngleich aus einem anderen Grund. Sie waren Gottes auserwähltes Volk, und daraus haben sie vor den Nationen in ihrer Umgebung kein Geheimnis gemacht. Stell dir vor, wie sich ihre Feinde dabei fühlten! Doch es gab auch Zeiten, in denen Gott es bewusst so führte, dass sie von den Heidenvölkern unterdrückt wurden, weil sie gegen Gott rebellierten und immer wieder Götzendienst trieben. Sie reizten Gott zum Zorn.«

Im Kampf gegen seine Müdigkeit versuchte Andrew, seine Vorstellungskraft anzuregen. »Ich verstehe, was du meinst«, sagte er. »Die Juden waren stolz darauf, das Volk Gottes zu sein, und das gab den anderen Völkern Anlass, neidisch auf sie zu sein, besonders in den Zeiten, als Gott offensichtlich auf ihrer Seite war. Aber es gab auch oft Zeiten, in denen Gott Sein eigenes Volk züchtigen musste, weil sie Seine Gebote missachteten.«

»Ja, genau. Gott gab sie bewusst in die Hände der Feinde, um sie dadurch zur Buße zu führen«, bestätigte Robert.

Jetzt hatte er die Müdigkeit überwunden, und sein Verstand lief nun auf Hochtouren.

Sie sprachen über die Geschichte der Juden, soweit sie diese kannten, und verfolgten ihre Ausbreitung über ganz Europa und bis nach Großbritannien.

»Ein Teil des Problems in europäischen Städten und auch in Großbritannien besteht darin, dass die Juden bei ihrer Ankunft dorthin gehen, wo auch noch andere Juden sind, und dass ihre Zahl innerhalb eines Gebietes wächst. Die Menschen, die in den benachbarten Gebieten leben, kennen sie nicht wirklich, noch verstehen sie ihre Kultur. Diese jüdischen Volksgruppen werden beinahe zu Kleinstädten innerhalb der Städte, mit eigenen Geschäften, Fabriken, Schulen und einer eigenen Sprache. Doch das Schlimmste von allem ist, dass sie zwar meinen, Gott zu kennen, aber das Evangelium von Jesus Christus entschieden ablehnen. Doch wenn sie Jesus ablehnen, können sie nicht gerettet werden und auch nicht zu Gott kommen. Das ist das größte Problem! Johannes bestätigt das in seinem ersten Brief: ›*Wer den Sohn hat, der hat das Leben; wer den Sohn Gottes nicht hat, der hat das Leben nicht.*‹«

Als Robert seine Ausführungen beendet hatte, fielen seinem Freund bereits die Augen zu. Robert lächelte und sagte ihm, dass es Zeit sei, schlafen zu gehen!

Der Kampf hat sich gelohnt

10

Schließlich kamen Bonar und M'Cheyne in Hamburg an, der letzten großen Stadt, die sie vor ihrer Heimkehr besuchen wollten. Ihre Nachforschungen begannen wie üblich mit Besuchen in Synagogen und Schulen. Am 29. Oktober geschah dann etwas Außergewöhnliches.

»Ich dachte, ihr würdet dies vielleicht gern lesen«, sagte ein Freund, der ihnen eine britische Zeitung übergab.

Robert las den Bericht, auf den der Mann hinwies. Dann las er ihn noch einmal, wobei seine Augen strahlten. Als er ihn Andrew ohne ein Wort übergab, wartete er auf seine Reaktion.

»Erweckungen in Kilsyth und Dundee«, flüsterte er. »Dundee«, wiederholte Robert. »Ich frage mich ...«

»Ihr habt davon also noch nichts gehört?«, fragte ihr Freund. »Ich dachte, ihr könntet mir erzählen, um was es hier geht.«

Kopfschüttelnd erklärte M'Cheyne, dass ihre Post sie noch nicht eingeholt hatte, und dies sei das Erste, was sie darüber gehört hätten.

Nachdem Andrew den Artikel noch einmal gelesen hatte, kommentierte er, dass er eigentlich sehr wenig aussagte.

»Aber Dundee wird erwähnt.«

Die beiden jungen Männer waren sowohl erfreut als auch neugierig, als sie darüber diskutierten, was wohl passiert sein könnte. Hatten sich Hunderte von Menschen bekehrt? Sind Menschen, die fromm lebten, aber nicht wirklich errettet waren, durch Buße zum wahren Glauben gekommen? Waren junge Menschen dabei?

Sie hatten viele Fragen, aber keine Antworten. Da ihre Nachforschungen über die Juden beendet waren, konnten sie es kaum erwarten, wieder nach Schottland zurückzukommen, um alles darüber zu erfahren.

Am Montag, den 4. November, kurz nach Mitternacht, verließen sie Hamburg in Richtung Schulau an der Elbe und legten nach einer wirklich entsetzlichen Überfahrt drei Tage später in London an.

Als sie angekommen waren, hörten sie, dass Dr. Black und Dr. Keith, die beide sehr krank geworden waren, sich immer noch in Budapest befanden, um sich zu erholen.

Robert kehrte am 23. November nach Dundee zurück, nachdem er nun fast ein Jahr lang von seiner Gemeinde getrennt gewesen war. Was für ein herzlicher Empfang erwartete ihn! Es war, als seien die Seelen seiner Gemeinde für den Herrn entflammt.

»Fang ganz am Anfang an und erzähle mir, was passiert ist«, drängte Robert William Burns. »Und lass dir Zeit dafür.«

William dachte zurück an die vergangenen Monate, in denen er als stellvertretender Pastor in der Gemeinde gedient hatte, und überlegte, wo er mit seiner Geschichte beginnen sollte.

»Als ich zum ersten Mal hierher kam, hörten die Menschen meinen Predigten sehr genau zu, und manche sind durch Gottes Gnade errettet worden, so wie es auch bei deinen Predigten geschah, bevor du weggegangen bist. Die jungen Leute schienen besonders interessiert zu sein. Im Juli bat mich mein Vater dann darum, in Kilsyth zu predigen. Ich blieb letztendlich drei Wochen dort, weil der Heilige Geist durch das gepredigte Wort Menschen zum Leben erweckte. Männer, Frauen und Jugendliche taten Buße, sie weinten über ihre Sünden. Sehr viele Menschen wurden gläubig. Manche Christen waren auch betroffen, weil sie erkannten, dass sie kein gottesfürchtiges Leben führten. In Seiner Gnade erweckte Gott viele Gläubige zu echter Nachfolge. Er war es, der durch das gepredigte Wort Gottes und durch das Wirken des Heiligen Geistes unsere Stadt erweckte.«

Robert blieb ganz still; er wollte die Geschichte, die er hörte, nicht unterbrechen.

»Ich kehrte am 8. August nach Dundee zurück«, fuhr William fort, »und am Ende des nächsten Gottesdienstes erzählte ich den Leuten, was in Kilsyth geschehen war. Nach dem Gottesdienst warteten fast 100 Leute auf mich, weil sie erkannten, dass sie Sünder waren. Am folgenden Abend war die Kirche für die Gebetsstunde brechend voll, und es war wieder genau wie in Kilsyth. Die Menschen taten Buße und bereuten ihre Sünden; manche riefen laut um Gottes Gnade. Von da an hatten wir jeden Abend Gebetsversammlungen, und Gott erhörte uns in Seiner Gnade. Er erweckte unsere Gemeinde, und auch viele Menschen aus der Stadt wurden gläubig.«

»Das muss wundervoll gewesen sein«, bemerkte Robert.

»Nicht jeder dachte so«, gab der junge Prediger zu. »Manche meinten, es handele sich nur um irgendwelche emotionalen Gefühle und keineswegs um den Segen Gottes. Und viele Nichtchristen waren davon ziemlich unberührt.«

»Erzähl weiter«, bat M'Cheyne, als Burns innehielt. Dieser nickte.

»Da ich nicht all die Menschen betreuen konnte, die mit einem Pastor sprechen wollten, rief ich andere zur Hilfe heran. Manchmal war die Kirche viel zu klein für alle, die die Predigt hören wollten, und so mussten wir zusätzlich auf den Kirchhof ausweichen. Doch auch in anderen Gemeinden wirkte der Herr Erweckung. Es schien, als würde sich der Segen Gottes über das Land ergießen und das Wirken Gottes nicht mehr aufhören.«

»Und hat es aufgehört?«

Kopfschüttelnd erklärte William, dass in Dundee immer noch bemerkenswerte Dinge geschahen.

»Seitdem ich hier predige, habe ich gebetet, Gott möge in Seiner Gnade eine Erweckung senden«, erzählte Robert ein paar Tage später einem seiner Ältesten. »Und Er beantwortete unsere Gebete, während ich noch nicht einmal hier war.«

Der Älteste, ein scharfsinniger und einfühlsamer Mann, schaute seinem jungen Bruder in die Augen. »Wie fühlt man sich dabei?«, fragte er.

M'Cheyne dachte einen Moment lang nach. »Wenn du dich fragst, ob ich neidisch bin auf die Segnungen, die Gott durch William Burns' Dienst hierher geschickt hat, dann lautet meine Antwort, dass ich es nicht bin, überhaupt nicht. Ich bin dem Herrn so dankbar für das, was geschehen ist.«

Im Laufe der Zeit entdeckte Robert, dass viele von denen, die jetzt zum Glauben gekommen waren, zunächst durch seine eigenen Predigten zum Nachdenken gebracht worden waren, bevor er sich auf die Reise begab.

Als M'Cheyne hörte, dass auch eine evangelistische Sonntagsschule gegründet wurde, war er wirklich sehr erfreut und informierte sich mehr darüber. Eines Tages klopfte es an seiner Arbeitszimmertür. Als er öffnete, standen da zwei Jungen, die ihn sehen wollten. Ihre Namen waren Tom Brown und John Smith. Sie hatten einen Brief mitgebracht, in dem sie dem Pastor von ihrer Gebetsstunde berichteten. Aber als sie sofort in sein Arbeitszimmer geführt wurden, konnten sie es ihm persönlich mitteilen.

»Ich lebe im Small's Wynd Waisenhaus«, erklärte Tom. »Und wir halten in Isles Lane eine Gebetsstunde ab.«

»Wir haben sie bisher draußen gehalten«, fügte John hinzu; »aber jetzt haben wir einen Raum zur Verfügung.«

»Wie viele kommen zu der Zusammenkunft?«, fragte M'Cheyne.

Tom hielt den Brief offen vor ihn, und der Pastor zählte die Unterschriften der Kinder. Es waren insgesamt 30 Namen: 18 Jungen und 12 Mädchen.

»Wie alt sind die Kinder, die teilnehmen?«, fragte er die beiden Jungen.

John erklärte, dass sie alle etwa 14 Jahre oder älter seien.

»Und wie oft kommt ihr zusammen?«

»Wir treffen uns jeden Abend, Sir«, antwortete Tom, »um 18 Uhr.«

Robert versuchte, sich dreißig Kinder vorzustellen, die in der Winterkälte in einem kleinen Raum zusammengepfercht sind.

»Wofür betet ihr?«, fragte er John.

»Wir beten für Sie und für Mr. Burns«, antwortete der Junge.

Während M'Cheyne seine Arme um die Schultern der Jungen legte, dankte er ihnen und versicherte ihnen, dass ihre Gebete erhört würden.

Am 31. Dezember 1839 wurde eine ganze Anzahl von Jugendlichen Mitglieder der Gemeinde. Diese jungen Leute hatten das Evangelium von der Gnade Gottes gehört, sie hatten Buße getan und waren an den Herrn Jesus gläubig geworden. Einige von ihnen kamen aus dem Waisenhaus.

Bis zum Sommer des folgenden Jahres war die Erweckung vorüber. Viele waren zum Glauben gekommen und dienten ihrem Herrn in Liebe. Viele Christen, die im Glauben schwach geworden waren, wurden ermutigt und wuchsen weiter in der Gnade und Erkenntnis Jesu Christi. Doch diejenigen, die nur oberflächlich Jesus nachfolgen wollten, kehrten dorthin zurück, wo sie vorher gewesen waren. Denn sie waren keine echten Christen; sie liebten die Welt und die Sünde mehr als Gott.

Robert war sehr damit beschäftigt, diejenigen in der biblischen Lehre zu unterweisen, die sich bekehrt hatten, und andere zu ermutigen, die noch schwach im Glauben waren. Er nahm auch wieder seinen Besuchsdienst in der Stadt auf. Wieder einmal lagen seine Notizen und der Stadtplan auf seinem Schreibtisch, und die Namen derer, die er besucht hatte, trug er jeden Abend nach seiner Heimkehr ein. Sowohl die Anzahl der Versammlungen, die in der Kirche stattfanden, als auch die Menge der Teilnehmer stieg an.

M'Cheyne nahm auch weiterhin Kontakt zu den Kindern auf, besonders zu denen, die in Not waren. Eines davon war ein armer Junge namens Jamie Laing, der in Miller's Wynd wohnte, nicht weit von der Kirche entfernt. Der Junge war krank, und der Pastor besuchte ihn.

»Wie alt bist du?«, fragte Robert.

»Ich bin fast 12 Jahre alt«, antwortete Jamie. Und dann begann er, von sich selbst zu erzählen. »Mama starb, als ich sieben war; mein großer Bruder und meine Schwester kümmern sich um mich. Mein Bruder hält zu Hause immer die Andacht ab. Das, was mein Bruder aus der Bibel vorliest und erklärt, weckte bei mir den Wunsch, so wie meine Geschwister Christ zu werden. Ich denke, sie haben für mich gebetet.«

»Ich bin ganz sicher, dass sie es getan haben«, antwortete M'Cheyne.

In den folgenden Wochen besuchte Robert dieses Haus oft, und Jamies Gesicht leuchtete jedes Mal auf, wenn er ankam. Es leuchtete noch mehr, wenn sein Pastor mit ihm von Jesus sprach. Jamie hatte große Schmerzen. Eines Tages, als seine Kameraden aus der Sonntagsschulklasse ihn besuchten, erzählte der Junge ihnen, wie er sich bekehrt hatte, und ermahnte sie, ebenfalls den Retter zu suchen, sonst gäbe es für sie keine Hoffnung, wenn sie einmal sterben würden. Doch Jamie war nicht perfekt, und von Zeit zu Zeit berichtete er seinem Pastor von seinen Versuchungen und Niederlagen, die ihn beunruhigten. Seine Krankheit schritt voran, und er verbrachte die meiste Zeit im Bett.

Vielleicht dachte M'Cheyne an Jamie, als er folgendes Gedicht schrieb.

Sanfter Hirt', auf Deiner Schulter
trage mich, ein sündig Lamm,
gib mir Glauben, mach mich mutig,
bis ich einst bei Dir sein kann.

Robert war Jamies Freund während der letzten zwei Jahre seines Lebens. Und als der Junge im Juni 1842 starb und seine Seele in den Himmel heimkehrte, leitete sein Pastor und Freund seine Beerdigung.

Obwohl M'Cheyne seinen Leuten in der Gemeinde ein treuer Pastor war, war er nicht immer in Dundee anzutreffen. Er legte weite Strecken zurück, um zu predigen, auch wenn sein Gesundheitszustand zunehmend bedenklicher wurde. Gemeinden in vielen Teilen Schottlands hörten ihn predigen, wie auch andere in Irland und England. Und auch die Probleme der Gemeinden nahmen seine Zeit in Anspruch.

Die 1830er und frühen 1840er Jahre waren unruhige Zeiten

in Schottland. Einige Pastoren wurden immer besorgter, dass die Regierung sich in das Gemeindeleben einmischen würde. Da die Gemeinden in Schottland der Regierung unterstellt waren, durften sie nicht einmal ihre eigenen Pastoren wählen. Den Gemeinden wurden manchmal Männer aufgedrängt, die gar nicht fähig waren, eine Gemeinde zu leiten. Darüber wurde eine Sitzung nach der anderen durchgeführt, und Robert Murray M'Cheyne war stark darin eingebunden. Er war einer der Männer, die erkennen konnten, dass sich eine Spaltung anbahnte. Diejenigen, die der Überzeugung waren, dass die Gemeinden nicht dem Staat unterstellt sein dürften, sahen sich gedrungen, eine »Freikirche« zu gründen – eine Gemeinde, die frei von politischer Einmischung sein würde.

Das hohe Arbeitspensum, das M'Cheyne zu bewältigen hatte, begann sich wieder auf seinen Gesundheitszustand auszuwirken. Aber das hielt ihn nicht davon ab, mit einigen Freunden nach Newcastle zu fahren, um dort Gottesdienste abzuhalten. An einer Versammlung unter freiem Himmel, bei der er sprach, nahmen etwa 1 000 Menschen teil.

»Ich werde über Ruthwell und Clarencefield nach Hause reisen«, schrieb Robert an Eliza. »Es ist sehr lange her, dass ich dort war, und ich würde den Ort gerne wiedersehen.« Als Robert ankam, stellte er fest, dass drei Cousinen ebenfalls zu Besuch waren.

»Da ist unser Perfektionist!«, sagte Mary zu ihren Schwestern Charlotte und Georgiana. »Heute Abend wird es keinen Spaß geben.«

»Er ist gar nicht so übel«, dachte sich Charlotte.

»Das wird schwierig werden«, entschied Georgiana.

»Er ist sooo fromm«, murmelte Mary. »Stell dir mal vor, du müsstest mehrere Tage mit ihm verbringen!«

Auch wenn der erste Abend für die drei jungen Damen

vielleicht etwas langweilig verlief, hatten sie am nächsten Morgen bereits Respekt vor ihrem Cousin. Er schien sich tatsächlich um sie zu sorgen. Bald schon erzählte Robert ihnen von dem kraftvollen Evangelium und was Jesus ihm bedeutete. Und zum Zeitpunkt seiner Abreise hatte er bereits erlebt, dass Mary, Charlotte und Georgiana durch Gottes Gnade errettet wurden. Als der junge Mann die Heimreise antrat, war er voller Freude über das, was geschehen war. Er verstand es immer mehr, dass das Evangelium von Jesus Christus Gottes Kraft zur Errettung ist für jeden, der glaubt.

M'Cheyne war noch nicht lange zu Hause, als er Ende November 1842 gebeten wurde, in London zum Mahl des Herrn eine Predigt zu halten. Sein Gesundheitszustand war schlecht, und die Ältesten seiner Gemeinde waren alles andere als glücklich darüber, dass er mitten im Winter abreiste. Aber als ihr Pastor sie daran erinnerte, *»dass denen, die Gott lieben, alle Dinge zum Besten dienen« (Röm. 8,28)*, ließen sie ihn ziehen.

Als er wieder nach Hause kam, war er blasser als jemals zuvor, und sein Husten war sehr lästig.

»Möchtest du mitkommen zu einem Spaziergang entlang des Tay?«, fragte er einen Freund an einem sonnigen Dezembertag.

»Das wäre schön«, stimmte sein Freund zu.

Die beiden jungen Männer gingen zu den Magdalen Yards hinunter und wandten sich flussaufwärts, als sie den Tay erreichten.

»Ich denke nicht, dass wir bis nach Perth gehen sollten«, neckte Robert. »Ich fühle mich nicht fit genug für eine 23-Meilen-Wanderung!«

»Einverstanden«, antwortete sein Freund, »obwohl ich froh bin, dass William Burns von Dundee aus nach Perth gegangen ist. Gott segnete seinen Predigtdienst und schenkte auch dort Erweckung.«

»Einer meiner Ältesten fragte mich, ob ich etwas dagegen hätte, dass eine Erweckung während meiner Abwesenheit stattfand«, erinnerte sich M'Cheyne. »Aber ich war einfach sehr erfreut, dass es überhaupt geschah.«

»Du bist so gut«, entgegnete der andere junge Mann. »Ich denke, ich hätte ein wenig mit Neid zu kämpfen gehabt.«

Robert blieb stehen und drehte sich um. »So gut?!«, widersprach er. »Wenn du in mein Herz sehen könntest, wüsstest du, dass ich nicht gut bin. Ich habe so viele Fehler, über die nur ich Bescheid weiß, abgesehen von den Fehlern, die andere Leute bei mir sehen und hören können. Wenn ich jung sterbe«, fuhr er fort, während er an seinen Gesundheitszustand dachte, »dann ist das Letzte, was ich will, dass die Leute sich an mich als an jemanden erinnern, der ich gar nicht war. Ich bin ein Sünder, der aus Gnade errettet wurde, und alles Gute, das ich sagen oder tun konnte, ist durch die Gnade Gottes gesagt oder getan worden, nicht wegen irgendetwas Besonderem in Robert Murray M'Cheyne.«

Sie kehrten um und gingen schweigend zurück in Richtung Dundee. Robert dachte an die Möwen, die über ihnen kreisten. Sein Freund fragte sich, ob der junge Pastor an seiner Seite noch lange leben würde. Er schien mit jedem Monat, der verging, blasser und dünner zu werden.

»Meine Freunde«, kündigte M'Cheyne während des Gottesdienstes am 31. Dezember 1842 freudig an, »ich habe einen Bibelkalender für euch vorbereitet!«

Die Gemeinde hörte interessiert zu.

»Ich habe die gesamte Bibel in 365 Abschnitte unterteilt, einen für jeden Tag des Jahres. Wenn ihr euch an den Bibelkalender haltet und die entsprechenden Abschnitte für jeden

Tag lest, dann werdet ihr in einem Jahr die ganze Bibel durchgelesen haben. Und wenn ihr euch jedes Jahr an den Kalender haltet, werdet ihr die Bibel immer besser kennenlernen.«

Viele in der Versammlung nahmen die Herausforderung an, und M'Cheynes Bibelleseplan wird auch heute noch verwendet. – Damit beendete er das Jahr 1842, und das neue Jahr begann in der Gemeinde mit dem Mahl des Herrn.

»Der Februar ist nicht die beste Zeit, um nach Aberdeenshire zu reisen«, sagte Eliza, als sie erfuhr, wohin sich ihr Bruder begeben wollte. »Dort ist es noch kälter als hier.«

»Du bist ein echtes Kindermädchen«, neckte Robert sie. »Erinnerst du dich nicht an den Spaß, den wir im Schnee hatten, als wir noch Kinder waren?«

Eliza lachte. »Natürlich erinnere ich mich! Und ich erinnere mich auch, dass du mich ganz ordentlich mit Schneebällen abgeworfen hast!«

Dieses Mal waren es keine Schneebälle, die Robert fast getroffen hätten, als er nördlich von Aberdeen predigte. Einige Menschen füllten ihre Hände mit Steinen, um sie auf ihn zu werfen. Aber als sie ihn sprechen hörten, ließen sie ihre Hände heruntersinken, und die Steine glitten zu Boden.

»Heute fing das Schneetreiben an«, schrieb er einen oder zwei Tage später. »Aber Gott ist bei uns, und Er wird auf uns achten. Mir geht es gut, abgesehen davon, dass ich mich manchmal etwas müde fühle.«

Am 1. März kam M'Cheyne zurück nach Dundee, aber es war keine Eliza da, um ihn zu versorgen, weil sie einige Zeit daheim in Edinburgh verbrachte. Robert schrieb seiner Schwester und erzählte ihr von seiner Reise in den Norden.

»Ich bin wirklich glücklich, nach meinen Reisen wieder zu Hause zu sein. Ich habe 27 Mal gepredigt, und das an 24 verschiedenen Orten.«

Doch es war nicht alles gut in Dundee. Typhus befiel die Gegend, und die Menschen wurden krank und starben daran. Robert ging von Haus zu Haus und besuchte Leute, die an diesem Fieber erkrankt waren. Obwohl er müde war, arbeitete er weiter.

»Sie könnten sterben, ohne zu wissen, dass sie Sünder sind und Jesus als Retter und Herrn brauchen«, sagte er sich, als er seinen müden Körper aus dem Stuhl erhob und nach seinem Mantel griff. »Ich muss es ihnen sagen; denn ohne Christus gehen sie für immer verloren.«

M'Cheyne predigte am Sonntag, dem 12. März 1843, drei Mal und nahm am Montag an einer Sitzung teil, wo es um die Probleme in den Gemeinden ging, weil der Staat sich dort immer mehr einmischte. Aber nachdem er auf der Versammlung eindringlich gesprochen hatte, kam er erschöpft, fröstelnd und krank daheim an. Trotz seines schlechten Gesundheitszustands führte er am nächsten Tag eine Hochzeit durch.

»Steckst du das an deinen Mantel?«, fragte ein kleines Mädchen den Pastor, während es ihm eine Blume überreichte.

»Oh ja, mein Liebes«, antwortete er und half dem Mädchen, sie ihm anzuheften.

»Jetzt habe ich getan, was du wolltest; wirst du dann auch tun, was ich möchte?«, fragte er.

Das Mädchen versprach es.

»Nun«, sagte Robert, »ich möchte, dass du dir die Geschichte vom Guten Hirten anhörst, der Sein Leben für Seine Schafe gab.«

Fünf oder sechs andere Kinder versammelten sich um ihn, und er erzählte ihnen von Jesus.

Als M'Cheyne zu Hause ankam, war klar, dass er an dem Fieber litt. Als sich die Nachricht von seiner Erkrankung verbreitete, war es, als würde der westliche Teil von Dundee völlig zum Erliegen kommen.

»Habt ihr gehört, wie es ihm geht?«, erkundigten sich die Leute, wenn sie sich trafen.

Keiner musste fragen, wer mit »ihm« gemeint war. Alle hatten den 29-jährigen Pastor im Sinn. Christen trafen sich in den Häusern, um für ihn zu beten, und ihre Gebete wurden beantwortet, wenn auch nicht in der Weise, wie es sich viele erhofft hatten.

Am 25. März tat Gott etwas viel Besseres, als Robert gesund zu machen, denn Er nahm seine Seele zu sich, wo er nie wieder krank sein oder Schmerzen erleiden würde, wo er nie wieder weinen oder trauern würde.

Doch die Menschen in Dundee trauerten über den Verlust des Mannes, den sie liebten, und auch andere in Schottland und darüber hinaus waren traurig über die Nachricht. Aber Robert war jetzt bei seinem Herrn und darf das erleben, was Gott verheißen hat: dass diejenigen, deren Sünden vergeben sind, Jesus gleichgestaltet sein werden, wenn sie gestorben sind. So kam es, dass in dem Moment, als das eine abenteuerliche Leben zu Ende ging, das herrlichste Abenteuer von allen begann.

Weitere Themen zum Nachdenken

1. Ferienabenteuer

Robert verbrachte gerne Zeit mit seinen Freunden und blieb mit manchen sein ganzes Leben lang in Kontakt. Wie wichtig sind Freundschaften für dich? Jesus hatte zwölf Jünger. War Ihm einer von ihnen ein besonderer Freund (Joh. 20,2; Joh. 21,7)? Wie halten wir besondere Freundschaften aufrecht, ohne jemanden auszuschließen und anderen das Gefühl zu geben, unerwünscht zu sein?

Robert fuhr regelmäßig in die Ferien nach Dumfriesshire. Er genoss die ländliche Gegend. Wenn er dort war, besuchte er die Gemeinde von Ruthwell. Legst du Wert darauf, in den Ferien zu einer Gemeinde zu gehen, oder machst du dann auch Urlaub von der Gemeinde? Macht Gott jemals Urlaub davon, für uns zu sorgen (Ps. 121,3-4.7-8)?

Als Robert ein Junge war, gab es keine Computer oder Playstations. Meinst du, junge Leute hätten sich damals gelangweilt, weil sie kein Hightech-Spielzeug hatten? An welchen einfachen Dingen des Lebens könntest du dich erfreuen? Stell dir vor, es gäbe einen ganzen Tag lang kein Internet. Welche Hobbys und Freizeitbeschäftigungen könntest du dann genießen?

2. Der Winter beginnt

Robert nahm die Schönheit der Schöpfung bewusst wahr. Er lebte in einer Zeit, bevor es die Evolutionstheorie von Darwin gab. Was hätte Robert über den Anfang aller Dinge auch sonst glauben sollen (1.Mo. 1)! – Sollten wir den Theorien der Menschen glauben, wenn sie Gottes Wort widersprechen?

Das Familienleben war den M'Cheynes wichtig. Ist dir deine Familie wichtig? Wer dachte sich das Familienleben aus (1.Mo. 2,22)? Die M'Cheynes verbrachten viel Zeit miteinander. Verbringst du Zeit mit deiner Familie, oder bist du so sehr an die sozialen Medien gebunden (wenn es auch christliche Medien sein mögen!), dass du andere Menschen kaum beachtest?

David M'Cheyne ehrte seinen Vater unter anderem, indem er jedes Jahr für ihn ein Gedicht zu seinem Geburtstag schrieb. Was sagt die Bibel darüber, wie man seine Eltern ehren soll (2.Mo. 20,12)? Paulus spricht dies auch an (Eph. 6,1-3).

3. Das große Feuer von Edinburgh

Der Kirchturm der Tron-Kirche in Edinburgh stürzte in dem Feuer in sich zusammen, und es sah zunächst danach aus, als sei sie komplett zerstört. Warum schätzen die Menschen ihre Kirchen so sehr? Die wahren Gläubigen gehen zum Gottesdienst, um Gottes Wort zu hören und Gott anzubeten. Die Bibel nennt Jesus den »lebendigen Stein«. Gehörst auch du zu den lebendigen Steinen in der lebendigen Gemeinde (1.Pt. 2,4-6)?

Robert M'Cheyne war damals im gleichen Alter wie der junge Bursche, dem er vor der Tron-Kirche begegnete. Sie wohnten in der gleichen Stadt, kamen aber aus unterschiedlichen Gesellschaftsschichten. Der Junge war arm und ungebildet, während Robert genau das Gegenteil davon war. Reagierst du unterschiedlich auf reiche und arme Menschen (Jak. 2,1-5)? Die Bibel berichtet, dass der Herr Jesus arm wurde, um Sein Volk zu retten (2.Kor. 8,9).

David versuchte, Robert zu erklären, was ein wahrer Christ ist. Wie würdest du einen Christen beschreiben? Jesus erklärte Nikodemus in Johannes 3,18, was es heißt, ein Christ zu sein.

4. David

David M'Cheynes Vorbild hinterließ einen lebensverändernden Eindruck auf seinen jüngeren Bruder. Falls du ein wahrer Christ bist – erkennen deine Familienmitglieder einen Unterschied in deinem Leben? Die Bibel erklärt uns, worin dieser Unterschied bestehen sollte (1.Joh. 2,9-11). Aber egal, wie lange wir leben – wir werden in diesem Leben nie vollkommen sein. Johannes hat eine gute Nachricht für uns, wenn wir den christlichen Glauben durch unser Verhalten entehrt haben (1.Joh. 1,8-9).

Als David ernsthaft erkrankte, betete Robert für seine Heilung. Aber es war Gottes Wille, Davids Seele zu sich zu holen. In Gethsemane betete Jesus, dass der Kelch des Todes, wenn es möglich sei, an Ihm vorübergehen möge. Doch was betete Er weiter (Mk. 14,36)? Wenn du eine Befürchtung oder Sorge hast, kannst du dann darum bitten, dass Gottes Wille geschehe anstatt dein eigener? Es ist nicht leicht, aber es ist das Vorbild, das Christus uns gegeben hat.

Keine der Notizen oder Briefe, die Robert Murray M'Cheyne hinterlassen hat, enthalten einen genauen Bericht über seine Bekehrung. Paulus' Bekehrungsgeschichte ist uns in der Apostelgeschichte aufgeschrieben (Apg. 9,1-19). War Paulus deswegen irgendwie besser als Robert? Wichtig ist nicht die Geschichte der Bekehrung, sondern die Tatsache, dass eine Bekehrung stattgefunden hat. Manche sehr bekannte Christen können nicht genau sagen, wann sie zum wahren Glauben gekommen sind.

5. Der Prediger auf dem Pferd

Als ein alter gläubiger Mann starb, konnte Robert dessen Angehörige trösten. Warum war das so (Joh. 3,16)? Die Tatsache, dass Gläubige ewiges Leben haben und ihre Seelen beim Herrn sind, wenn sie sterben, ist ein Trost. Bedeutet das, dass wir nicht traurig sein dürfen, wenn jemand stirbt – besonders wenn diese Person ein wahrer Christ war? Wie fühlte sich Jesus, als Sein Freund Lazarus gestorben war (Joh. 11,35)? Wenn du traurig bist, weil du jemanden verloren hast, den du liebst, dann denkt Jesus daran und versteht genau, wie du dich fühlst.

Roberts Erinnerungen an David waren ihm kostbar; aber er freute sich auch darauf, ihn im ewigen Reich Gottes wiederzusehen. Denkst du manchmal über das Reich Gottes nach? Lies Offenbarung 7,9-17. Was wird es auf der neuen Erde nicht mehr geben (V. 16)? Wer wird in Gottes Reich sein (V. 9 u. 14)? Lies, wie liebevoll der Herr mit denen umgehen wird, die in Sein Reich kommen (V. 17). Wenn Jesus wiederkommt, wird Er die Erde völlig erneuern, und dann wird sie wirklich ein Ort sein, auf den man sich freuen kann.

Der junge Mann in Larbert muss überrascht gewesen sein, als er Roberts Brief bekam und entdeckte, dass sein Pastor ihn verstand. Meinst du, deine Pastoren seien so anders, dass sie unmöglich verstehen könnten, wie es ist, wenn man jung ist? Denke daran, dass jeder Pastor selbst einmal jung war. Vielleicht erzählt ein Pastor dir von seiner Jugendzeit, wenn du ihn danach fragst.

6. Ein neues Zuhause

Seit seiner Kindheit begeisterte sich Robert für das Turnen, und wir wissen aus Berichten, die über ihn geschrieben wurden, dass er darin sehr gut war. Turner verbessern sich durch Training. Die Bibel hat etwas über das Training bzw. die leibliche Übung zu sagen (1.Tim. 4,8). Wie kannst du dich in der Gottesfurcht üben (1.Tim. 4,7)? Gott hat uns dazu einige Hilfsmittel geschenkt: Gebet, die Bibel, christliche Freunde, Gemeinde.

Robert hatte den Ruf, dass er gut mit Kindern und Jugendlichen umgehen konnte. Sie waren ihm wertvoll um ihrer selbst willen. Damit folgte er Jesu Vorbild (Mk. 10,13-16). Schätzt du diejenigen als wertvoll ein, die jünger sind als du selbst?

Als Robert nach Dundee ging, wurde er zum Prediger des Evangeliums eingesetzt. Timotheus war ein Prediger. Welchen Auftrag gab ihm Paulus (2.Tim. 4,1-4)? Sowohl Timotheus als auch Robert waren junge Männer. Was sagte Paulus darüber, dass er ein jugendlicher Prediger war (1.Tim. 4,12)? In welchen Lebensbereichen sollte ein junger Mensch mit gutem Beispiel vorangehen, um Reife zu zeigen?

7. Auf den Gassen von Dundee

Robert wurde gebeten, von Dundee nach Skirling umzuziehen, wo Klima und Arbeitslast seinem Gesundheitszustand besser entsprochen hätten. Aber er glaubte, dass er dort war, wo Gott ihn haben wollte. Woher kennen wir den Willen Gottes für unser Leben? Gibt die Bibel Anleitungen oder allgemeine Grundsätze, die wir anzuwenden haben, um Gottes Willen herauszufinden? Einige dieser Grundsätze stehen in den Zehn Geboten (2.Mo. 20,1-17), in Psalm 37 und in Sprüche 3,1-7.27.

Die Gebetsversammlungen waren ein wesentlicher Bestandteil im Gemeindeleben von St. Peter. Gibt es in deiner Gemeinde Gebetsversammlungen? Nimmst du daran teil? Man sagt, dass die Gebetsversammlungen das Kraftwerk einer Gemeinde sind. Wenn es in deiner Gemeinde keine Gebetsversammlungen gibt, dann könntest du dich vielleicht mit einem Freund zusammenfinden, um für deine Pastoren und deine Gemeinde zu beten.

8. Auf ins Abenteuer!

Können Christen eigentlich vergnügt sein? Wenn man bedenkt, dass ein riesiger Anteil der Unterhaltung von heute leer und sündig ist, scheint diese Frage berechtigt zu sein. Vielleicht wird dich die Antwort deshalb überraschen. – Wahre Christen sind die glücklichsten Menschen, die es gibt, weil ihr Glück und ihre Freude darauf beruht, dass sie mit unserem großen Gott und Schöpfer versöhnt sind und in eine ewige Beziehung mit dem König der Könige getreten sind. Diese Beziehung verändert alles in ihrem Leben, weil Jesus Christus ihr Herr ist. Alle Entscheidungen – auch was sie zur Unterhaltung und zum Vergnügen wählen – werden Seinem Willen unterworfen. Turnen und Lesen zum Beispiel waren Freizeitbeschäftigungen, an denen Robert Freude hatte. Was denkst du? Gefallen Gott die Beschäftigungen, an denen du Freude hast?

Die Juden waren zur Zeit des alten Bundes Gottes auserwähltes Volk. Viele Male nennt Gott sie »Mein Volk« (siehe Ps. 81,9 und Jes. 40,1). Gott hatte das Volk Israel viele Jahre beschützt und gesegnet; dennoch lesen wir: *»aber an der Mehrzahl von ihnen hatte Gott kein Wohlgefallen« (1.Kor. 10,5).* Warum nicht? Sie glaubten den Worten Gottes nicht und trieben Götzendienst. Ist das nicht ein warnendes Beispiel für uns? Das wahre auserwählte Volk Gottes sind Christus-Gläubige – aus allen Völkern und Sprachen (siehe 2.Kor. 6,16). Gott versprach Abraham, dass er einen Sohn haben würde. Dieser Sohn, an dem sich die Verheißung erfüllen sollte, war niemand anders als Jesus Christus (Gal. 3,16). Gott versprach Abraham auch, dass er so viele Nachkommen haben würde, wie es Sterne am Himmel gibt (1.Mo. 15,5). Wer sind diese Nachkommen (Gal. 3,29; 4,28)?

9. Entdeckungsreise

Immer wieder hören wir von Kriegen, Katastrophen und Christenverfolgung in der ganzen Welt. Wozu fordert Gott uns auf (Ps. 122,6-7)? Betest du für die Krisengebiete der Welt, wenn du in den Nachrichten von ihnen hörst? Hast du dich so sehr daran gewöhnt, von Kämpfen und Kriegen, Katastrophen und Christenverfolgung zu hören, dass du es nicht richtig wahrnimmst, dass es dabei um echte Menschen geht?

Kennst du Länder, wo Christen heute verfolgt werden? Betet deine Gemeinde und betest du für verfolgte Christen, z. B. in Nordkorea, Afghanistan oder Pakistan? Betest du auch für dein Land und die Obrigkeit? Die Bibel sagt, dass wir *»für alle Menschen [beten sollen], für Könige und alle, die in hoher Stellung sind, damit wir ein ruhiges und stilles Leben führen können in aller Gottesfurcht und Ehrbarkeit; denn dies ist gut und angenehm vor Gott, unserem Retter« (1.Tim. 2,1-3)*. Wie können wir heute als Christen so leben, dass Gott, unser Schöpfer, sich an Seinen Geschöpfen erfreuen kann?

10. Der Kampf hat sich gelohnt

Es muss wunderbar sein, in einer Zeit der Erweckung zu leben, in der große Menschenmassen an den Herrn Jesus gläubig werden. Von wem kommt die Erweckung (Hab. 3,2)? Was geschieht bei einer Erweckung (Hab. 3,3-7)? Der Prophet konnte keine Erweckung organisieren; aber was konnte er tun (Hab. 3,1)? Kannst du für Erweckung in deinem Herzen, deiner Gemeinde und deinem Land beten?

Robert entwickelte einen Bibelleseplan, dem seine Gemeinde folgen sollte. Die Bibel ist Gottes lebendiges Wort. Wie wird sie sonst noch beschrieben (Eph. 6,17)? Ein Schwert wird sowohl zum Angriff als auch zur Verteidigung benutzt. Wie kannst du die Bibel als Angriffswaffe und zu deiner Verteidigung benutzen (Mt. 4,1-11)? Vielleicht kannst du einen ähnlichen Leseplan verwenden, wie ihn M'Cheyne entworfen hat? (Diesen findest Du unter www.voiceofhope.de)

Was sagt die Bibel darüber, was geschehen wird, wenn der Herr Jesus wiederkommt (1.Joh. 3,2)? Wenn Christen vor dem zweiten Kommen des Herrn sterben, kommen ihre Seelen in den Himmel; wenn Er aber erscheint, werden alle Gläubigen einen neuen, verherrlichten Leib bekommen und werden für immer mit dem Herrn auf der neuen Erde sein. Unser Verstand kann das einfach nicht begreifen. Preise Gott für die Herrlichkeit, die kommen soll (Off. 5,12-13; 7,10-12; 19,5-8)!

WIR RUH'N IN DIR

1. Wir ruh'n in Dir, Du unser Schild und Retter,
wir ziehen nicht allein in Kampf und Streit.
Uns schirmt Dein Arm, bedroht uns Sturm und Wetter;
wir ruh'n in Dir und überwinden weit.

2. Du unser Hort, der uns das Heil gegeben,
in Deinem heil'gen Namen gehen wir,
Du unser Fels, Gerechtigkeit und Leben,
all unsre Quellen, Jesus, sind in Dir.

3. Wir ruh'n in Dir, es kann uns nichts geschehen,
Dein Blut hat uns erlöst von Schuld und Leid;
und wenn wir durch die Perlentore gehen,
so ruhen wir bei Dir in Ewigkeit.

Originaltitel: We Rest On Thee
Text: Edith G. Cherry (1872-1897)
Dt. Text: Walter Rauschenbusch (1861-1918)

Hörprobe und Noten: www.voh-shop.de

Robert Murray M'Cheyne
Zeitleiste

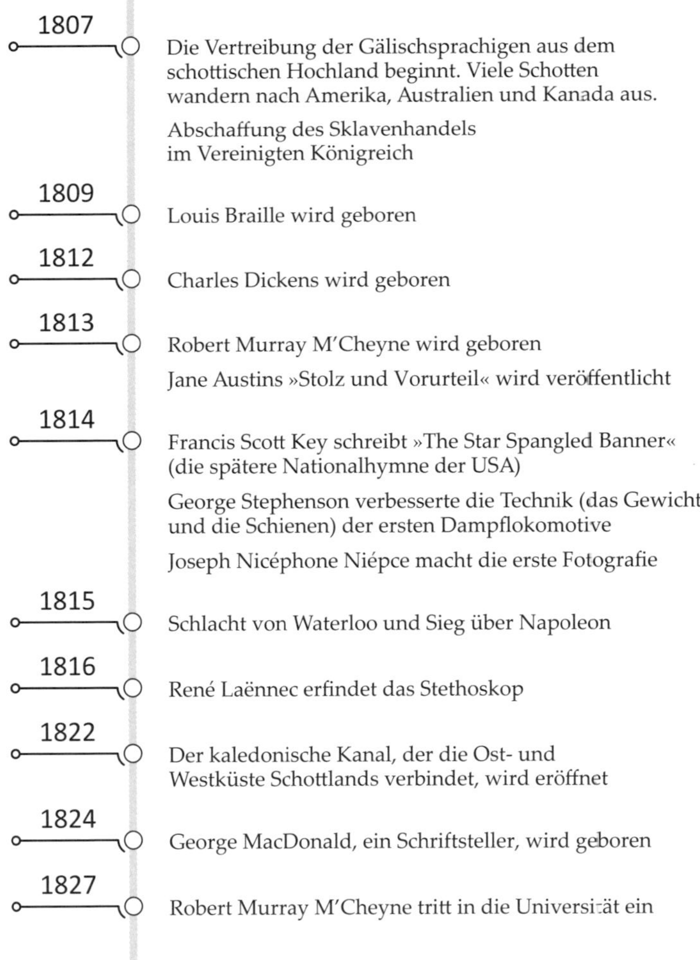

1807
Die Vertreibung der Gälischsprachigen aus dem schottischen Hochland beginnt. Viele Schotten wandern nach Amerika, Australien und Kanada aus.

Abschaffung des Sklavenhandels im Vereinigten Königreich

1809
Louis Braille wird geboren

1812
Charles Dickens wird geboren

1813
Robert Murray M'Cheyne wird geboren

Jane Austins »Stolz und Vorurteil« wird veröffentlicht

1814
Francis Scott Key schreibt »The Star Spangled Banner« (die spätere Nationalhymne der USA)

George Stephenson verbesserte die Technik (das Gewicht und die Schienen) der ersten Dampflokomotive

Joseph Nicéphone Niépce macht die erste Fotografie

1815
Schlacht von Waterloo und Sieg über Napoleon

1816
René Laënnec erfindet das Stethoskop

1822
Der kaledonische Kanal, der die Ost- und Westküste Schottlands verbindet, wird eröffnet

1824
George MacDonald, ein Schriftsteller, wird geboren

1827
Robert Murray M'Cheyne tritt in die Universität ein

1829 W. A. Burt erfindet die Schreibmaschine

1831 Robert Murray M'Cheyne beginnt seine theologische Ausbildung

Robert Murray M'Cheyne wird ein wahrer Christ

Faraday entdeckt die elektromagnetische Induktion

1833 Das Gesetz zur Abschaffung der Sklaverei im Vereinigten Königreich wird verabschiedet

Die Fabrikgesetzgebung (Factory Act) verbietet die Beschäftigung von Kindern unter 9 Jahren

1835 James Bowman Lindsay erfindet das dauerhafte elektrische Licht

1837 Königin Victoria besteigt den Thron

1839 Das Fahrrad wird erfunden

1841 Samuel Slocum erfindet den Tacker

1843 Robert Murray M'Cheyne stirbt

Spaltung der Kirche von Schottland

Charles Dickens veröffentlicht »A Christmas Carol«

Gründung der reformierten Freikirche von Schottland

1845 Robert Thomson erfindet den Luftreifen

1846 James Young Simpson entwickelt die Narkose

1847 Ignaz Semmelweis erfindet die Desinfektionsmittel

Robert Murray M'Cheyne
Zusammenfassung seines Lebens

Robert wurde 1813 in Edinburgh, der Hauptstadt Schottlands, in eine Rechtsanwalts-Familie geboren. Ein kurzer Spaziergang von ihrem Zuhause aus führte Robert zum Stadtzentrum mit Blick auf das berühmte Schloss. Nach dem Abschluss der Highschool besuchte der junge Mann die Universität von Edinburgh. Seine Fächer umfassten Griechisch, Latein, Französisch, Turnen und Rhetorik. Er schrieb außerdem Gedichte in Englisch, Latein und Griechisch!

Obwohl er in einer christlichen Familie aufwuchs, fand Robert in seiner Kindheit nicht zum persönlichen Glauben an Jesus. Er dachte, im Christentum ginge es einfach nur darum, ein gutes Leben zu führen. Als sein Bruder David noch ein junger Mann war, erkrankte er an Tuberkulose. Robert, der seinen Bruder innig liebte, war tief beeindruckt von dem Frieden und der Freude, mit der er 1831 starb. Es war die Folge der Begleitung von David bei seinem Sterben, dass Robert zu einem persönlichen Glauben an den Herrn Jesus Christus kam, worüber er immer wieder schrieb. Zu diesem Zeitpunkt war Robert beim Predigerseminar.

1835 wurde Robert Hilfsprediger und unterstützte Pastor John Bonar in Larbert und Dunipace. Im folgenden Jahr wurde er nach Dundee berufen, um dort als Prediger und Pastor der Kirche St. Peter eingesetzt zu werden. Sie stand in einer ärmlichen Gegend der Stadt, wo viele Krankheiten weit verbreitet waren. Es war nicht der ideale Ort für jemanden, der gesundheitlich angeschlagen war; aber Robert wusste, dass Gott ihn dort haben wollte. Seine Schwester Eliza kümmerte sich um seinen Haushalt.

Robert war noch nicht lange in Dundee, als seine Gemeinde zu wachsen begann. Er war einer der begabtesten Prediger seiner Zeit, und die Menschen kamen von weit her, um ihn zu hören. Seine Predigten bewegten insbesondere junge Leute, und viele wurden unter seinem Dienst zu wahren Christen. Allerdings war ihr Pastor von Krankheit geplagt, und gegen Ende des Jahres 1838 wurde ihm geraten, eine längere Arbeitspause einzulegen. Er begab sich zu seinen Eltern nach Edinburgh, um sich dort auszuruhen und zu erholen.

Zu dieser Zeit war die Kirche von Schottland daran interessiert, das jüdische Volk mit dem Evangelium zu erreichen. Es wurde vereinbart, eine Delegation zur Erkundung der Lage nach Jerusalem und in andere Teile Europas zu entsenden, in denen es jüdische Gemeinschaften gab. Einer der ausgesandten Teilnehmer musste sich aus gesundheitlichen Gründen zurückziehen, und Robert – dessen Gesundheitszustand alles andere als gut war – wurde eingeladen, an seiner Stelle mitzugehen. Er war immer an missionarischen Einsätzen interessiert, insbesondere an solchen unter dem jüdischen Volk, und nahm die Einladung an. Zusammen mit Andrew Bonar, Alexander Keith und Alexander Black verbrachte Robert mehrere Monate im Ausland.

Kurz bevor sie nach Schottland zurückkehrten, hörten Andrew Bonar und Robert die Nachricht von einer Erweckung in Dundee; aber erst nach ihrer Rückkehr in ihre Heimat entdeckten sie, dass Gott den stellvertretenden Prediger, dem Robert die Verantwortung übertragen hatte, gebraucht hatte, um durch seine Verkündigung eine Erweckung zu bewirken. Wundervolle Dinge waren in M'Cheynes Abwesenheit geschehen, Dinge, um die er immer gebetet hatte, seitdem er Pastor geworden war. Hocherfreut über die Erweckung und begeistert über die Bekehrungen, die stattgefunden hatten, und darüber, dass der Glaube von eingeschlafenen Christen wiederbelebt worden war, nahm Robert wieder den Predigtdienst in seiner Gemeinde auf.

Die 1840er Jahre waren schwierige Jahre in der schottischen Kirchengeschichte, und Robert war stark an den Bemühungen beteiligt, Versuche des Staates, sich in die Gemeinden einzumischen, zu verhindern. Den Höhepunkt dieser Bemühungen bildete die Gründung der reformierten Gemeinden in Schottland. Doch nur wenige Wochen, bevor dies geschah, durfte Roberts Seele nach einer weiteren Krankheit zu Seinem Herrn gehen. Sein Tod traf Dundee schwer. Als Zeichen der Hochachtung vor dem verstorbenen 29-jährigen Pastor wurden die Fenster verdunkelt und die Geschäfte geschlossen. Obwohl Robert Murray M'Cheyne weniger als sieben Jahre als Prediger gedient hatte, war er einer der einflussreichsten Prediger des 19. Jahrhunderts, und sein Andenken wird sowohl in Schottland als auch im Ausland immer noch hochgeschätzt.

DER FÜRST DER PREDIGER – Charles Spurgeon

Bestell-Nr.: 875.431 | *144 Seiten*
ISBN: 9783947102310

DAS FEUER DER REFORMATION – Martin Luther

Bestell-Nr.: 875.432 | *160 Seiten*
ISBN: 9783947102327

RETTERIN BEI NACHT – Amy Carmichael

Bestell-Nr.: 875.433 | *160 Seiten*
ISBN: 9783947102334

EIN ABENTEUER BEGINNT – Hudson Taylor

Bestell-Nr.: 875.434 | *160 Seiten*
ISBN: 9783947102341

VOM ARZT ZUM PREDIGER – Martyn Lloyd-Jones

Bestell-Nr.: 875.436 | *152 Seiten*
ISBN: 9783947102365

WEITERE GLAUBENSVORBILDER

Nehmt euch ihren Glauben zum Vorbild!

»Gedenkt eurer Lehrer, die euch das Wort Gottes gesagt haben; ihr Ende schaut an und folgt dem Beispiel ihres Glaubens!« (Hebräer 13,7)

Der Schreiber des Hebräerbriefs fordert die Leser auf, an die geistlichen Lehrer zu gedenken. An die, die das Wort Gottes zu ihnen gepredigt und es gelehrt haben.

»Gedenkt an sie – an ihr Predigen, ihr Beten, ihren Rat, ihr Vorbild. Strebt nach der Gnade des Glaubens, durch den sie so gut lebten und starben. Schaut das Ergebnis ihres Lebenswandels an. Verpflichtet euch, dem gleichen wahren Glauben zu folgen, in dem eure Lehrer euch unterwiesen haben.«

Matthew Henry

Wie dankbar können wir sein, dass in der Vergangenheit viele geistliche Vorbilder gewesen sind. Einige dieser Vorbilder sind in Vergessenheit geraten, andere kennen wir noch. Gewisse Prediger und Autoren sollten wir kennen, und dabei müssen wir ihr Leben anschauen – wie sie Gott bis ans Ende vertrauten – und uns ihren Glauben zum Vorbild nehmen.

Tel: +49 2265 99749-22
www.voh-shop.de